AF627226

PRAKTIKEN REFLEXIVEN ENTWERFENS

Leibniz
Universität
Hannover

PRAKTIKEN REFLEXIVEN ENTWERFENS

Margitta Buchert (ed.)

a_ku jovis

INHALT

VORWORT

Margitta Buchert

Entwerfen und Wissenskulturen sind viel stärker verknüpft als gemeinhin angenommen. Eine Vielzahl von Praktiken ist damit verbunden. In ihrem Zusammenspiel zeigen diese eine ‚Kunst des Handelns' auf. Es ist eine Kunst, die Möglichkeiten bereithält, um mit nicht normativ geleiteten kreativen Prozessen und einer hohen Dynamik Komplexität zu handhaben und diese projektiv weiterzuentwickeln. Das Buch PRAKTIKEN REFLEXIVEN ENTWERFENS bietet einen aufschlussreichen und vor allem impulsgebenden Einblick in die Spannweiten forschenden Entwerfens und entwerfenden Forschens in der Architektur und Landschaftsarchitektur und zeigt, welche Zielsetzungen damit verbunden sein können. Ähnlichkeiten, aber auch Unterschiede sowie der Gewinn, der aus diesen Beobachtungsperspektiven entspringt, werden erkenn- und vergleichbar. In zehn Beiträgen wird ein Spektrum reflexiver Praktiken zur Generierung von Wissen und Gestaltung vorgestellt, das den gesamten Zyklus von Analysieren und Synthetisieren, von Erdenken, Erfinden, Präzisieren, Umsetzen und Kommunizieren einschließt und damit Relationen von Denken, Wissen und Handeln vielseitig erhellt.

Mit dieser Publikation wird die Thematisierung REFLEXIVEN ENTWERFENS im Forschungsdiskurs fortgesetzt, vertieft und erweitert. An der Fakultät für Architektur und Landschaft der Leibniz Universität Hannover wird dieser Fokus seit nunmehr fast einem Jahrzehnt als Forschungsplattform zur Theorie und Praxis des Entwerfens vor einem fachspezifischen und im Weiteren vor allem wissenschafts- und kunsttheoretischen Hintergrund entwickelt. Die vorliegenden Beiträge wollen verschiedene Praktiken aufdecken und ihre Relationen aufzeigen und diskutieren. Sie gehen aus einem Symposium hervor, das im Zusammenhang mit dem 6. Internationalen Doktorandensymposium ‚DARA. Entwerfen und Forschen in Architektur und Landschaft' im April 2016 in Hannover-Herrenhausen stattfand. Dabei werden insbesondere Denk- und Handlungsformen untersucht, generiert und postuliert, die mit performativer Wirksamkeit ausgestattet sind.

Im Unterschied zu Tendenzen, die Entwerfen mit Forschung gleichsetzen, und auch im Unterschied zu Ansätzen einer reflexiven Entwurfswissenschaft, die im distanzierten, transdisziplinären und ‚objektivierenden' Blick vor allem wissenschaftliche Methodik in den Vordergrund rückt, wird mit dem REFLEXIVEN ENTWERFEN eine offene Thematisierung vorgeschlagen, die beides integrieren kann und zudem kreative Möglichkeitsräume öffnet mit Perspektiven, die auch über den engeren Rahmen der Architektur und Landschaftsarchitektur hinausreichen. Verstehen, wie und mit welchen Dynamiken kreative PRAKTIKEN im Entwerfen und Forschen und durch ihre Mischungen entstehen und wirken, das ist der hier mit der Thematisierung von PRAKTIKEN vorgeschlagene Weg. Dies wird in einem einleitenden Beitrag differenzierter dargelegt. Ziel ist es, die Spezifik von Forschungswegen und Wissensformen besser zu erfassen und zu konturieren. Erkenntnisse zum Entwerfen sind darin selbstverständlich eingeschlossen. Die fortgesetzte Annäherung an das Verstehen von Verknüpfungszusammenhängen und von Potentialen wird mit dieser Position als provisorisch und suchend charakterisiert und ist von grundlegender Vorläufigkeit geprägt. Es handelt sich um Versuche, Schritte, Trittsteine.

Die weiteren neun Beiträge wurden mit den drei Subthemen ERFINDEN, EXPERIMENTIEREN und KATALYSIEREN in Sektionen gruppiert. Einen Anlass dafür bildete die Vertrautheit der genannten Begriffe aus naturwissenschaftlichen Zusammenhängen für forschende und generierende Tätigkeiten und Eigenschaften. Dennoch wird nicht ein Abgleich von Entwerfen und Forschen in Architektur und Landschaftsarchitektur an den exakten Wissenschaften oder nach scheinbar eindeutigen Definitionen gesucht. Es geht vielmehr um eine Aufmerksamkeitsschärfung für neue, impulsgebende Blickwinkel. Ein zweiter und noch gewichtigerer Grund ist die wiederholte Beschreibung generischer Prozesse des Entwerfens und Forschens mit diesen Begriffen im Bereich von Architektur und Landschaftsarchitektur selbst. Dies kann eine Möglichkeit sein, das Feld reflexiver Freiheit in seiner Offenheit so spürbar werden zu lassen, wie es in diesen Disziplinen oftmals zu finden ist. Praktische Relevanz und produktive Stärke können dann entdeckt und wirksam werden. Schließlich war es ein Anliegen, die vielen verschiedenen Aktivitäten zur Genese von Wissen und Gestaltung, die in den Beiträgen unterschiedlich pointiert und in ihren Bedingungen, Eigenschaften und Kontexten benannt und dargelegt werden, so zu gruppieren, dass einige übergreifende Vorgehensweisen in ihren Reichweiten und Grenzen und auch in ihren Wechselwirkungen deutlicher beschreibbar und erkennbar werden, auch wenn es sich bisweilen nur um graduelle Unterschiede handelt. Es liegt darin das Potential, Fragestellungen zu schärfen und noch weiter zu öffnen und neue zukunftsweisende Perspektiven und Praktiken anzustoßen.

Die von Persönlichkeiten der Entwurfspraxis und Entwurfstheorie mit ausgeprägter professioneller Expertise verfassten Beiträge dieser Publikation öffnen zudem den Blick auf eine noch größere Vielzahl von Perspektiven, die in diesem heterogenen und sich derzeit noch stark entwickelnden Forschungsfeld vorhanden sind. Integriert finden sich dabei auch Referenzen zu anderen Wissensgebieten. Die Beiträge sind von unterschiedlichen Denkstilen geprägt und in verschiedenartiger Weise artikuliert. Im methodologischen Sinne erweisen sie sich nicht unbedingt als vorrangig analytisch und argumentativ, vielmehr als synthetisierend aufgebaut und projektiv entwickelt. Damit zeigen diese selbst auch Eigenschaften der Praktiken, die sie vorstellen und über die sie vielschichtig und facettenreich sprechen.

Wird in der Architektur und Landschaftsarchitektur von ERFINDEN gesprochen, dann sind damit vor allem Kreativität, kreative Sprünge, aber auch das Entdecken und das Entwickeln verbunden, von Grundkonzeptionen und Positionen beispielsweise oder von Entwurfsthemen für spezifische Projekte. Die Relevanz von Vorbildern und Referenzen sowie theoretischer und gebauter Modelle werden als Wahrnehmungs-, Denk-, Erfahrungs- oder Erfindungsinstrumente vorgestellt und in ihren Theorie und Praxis vernetzenden Relationen und Formationen explizit oder implizit charakterisiert. Die Beiträge von Hilde Léon, Christiane Sörensen und Antje Buchholz beschreiben übergreifende und konkrete Eigenschaften dieser kreativen Konstellationen und Praktiken aus unterschiedlichen Zusammenhängen der spezifischen Arbeit von Entwerfenden in Architektur und Landschaftsarchitektur und lassen Verknüpfungen von Entwerfen und Forschen auf verschiedenen Ebenen erkennen.

Mit der Thematisierung des EXPERIMENTIERENS wird die Möglichkeit ergriffen, unterschiedliche Praktiken und Wissensfelder zu fokussieren, die auf die Frage antworten, inwiefern und auf welche Weise experimentelle Verfahren in Entwurfsprozessen auftreten bzw. mit diesen verbunden sein können, und wie sie neues Wissen, Erkenntnisse und Gestaltungen hervorbringen. Ausgehend von konkreten Beispielen zeigen Michael Schumacher, Verena Brehm und Laura Kienbaum in ihren Beiträgen, welche Ziele damit verbunden sein können und welche spezifischen Praktiken und Kontexte der Büropraxis und universitärer Forschung dazu beitragen.

Mit KATALYSIEREN wird ein performativer Charakter besonders betont. Die drei Beiträge dieser Sektion von Christoph Grafe, Lara Schrijver und Katja Benfer/Cyrus Zahiri zeigen, wie Ausstellungen von Entwurfsprojekten, ungewöhnliche Konzepte im Kontext von Lehren und Forschen und die Thematisierung von Emotionen imaginative, projektive Potentiale bilden, zu Forschungsinstrumenten werden und als Katalysatoren wirken können. Die Konzeption der Ausstellungsreihe, des Forschungsdesigns und der Forschungskomponenten wie auch der grundlegenden Forschungsfragen antizipiert dabei, vergleichbar einem Entwurf für ein Gebäude oder einen Freiraum, zukünftige Entwurfs- und Forschungsformationen, wobei insbesondere Praktiken der Forschung als Agenten zwischen Idee und Realisation und als kraftvoller Ausgangspunkt weiterer performativer Praktiken akzentuiert werden.

Die hervortretenden Beobachtungsperspektiven, Interpretationswege und Verfahren vermitteln vielseitige Anregungen für kreative Prozesse in der Architektur und Landschaftsarchitektur. Sie skizzieren zudem die potentielle Relevanz und Wirkkraft von REFLEXIVEM ENTWERFEN für die Entwicklung einer komplexitätsadäquaten Wissenschaftsforschung, die Ebenen der Imagination, der Ästhetik und des praktischen Handels in besonderer Weise integrieren kann und neben Logik, Analyse und Systematik gerade auch die Spezifiken der Integration und Synthesebildung als ihre Stärken begreift. Indem die Spannweiten diverser PRAKTIKEN und ihrer Potentiale aufgezeigt werden, wird nicht nur zu einer breiteren und nuancierteren Diskussion der Entwurfsforschung beigetragen. In der Folge davon kann auch eine schärfere und zugleich feinere Konturierung jenes spezifischen Beitrags der Theorie und Praxis des Entwerfens in Architektur und Landschaftsarchitektur erfolgen, der über die kreative Gestaltung des Lebensumfelds der Menschen hinaus auch für die dynamische Generierung von Wissen und von Lösungswegen in einer zunehmend vielfältiqer und komplexer werdenden Welt an Bedeutung gewinnt.

Für spannende Beiträge geht ein großer Dank an die mitwirkenden Autorinnen und Autoren, die mit ihrem Einsatz und ihrer Kreativität diese Veröffentlichung ermöglicht haben. Ebenfalls gedankt sei an dieser Stelle dem jovis Verlag für die wiederholt durch Engagement und Sorgfalt geprägte professionelle Zusammenarbeit. Aus dem Team von a_ku gilt der Dank an erster Stelle Julius Krüger für die Organisation des Symposiums und die Mitentwicklung und Umsetzung von Layout und Grafik sowie Eva Holtz und Sarah Wehmeyer für diverse Lektoratsarbeiten. Und schließlich geht ein Dank an die Fakultät für Architektur und Landschaft und die Leibniz Universität Hannover für die Unterstützung des Symposiums und der Veröffentlichung.

[...] die Stärke des Fadens liegt hier nicht darin, dass irgendeine Faser durch seine ganze Länge läuft, sondern darin, dass viele Fasern ineinander übergreifen.

Ludwig Wittgenstein

PRAKTIKEN DER KREATIVEN MISCHUNG

Margitta Buchert

Die Aufmerksamkeit wird auf PRAKTIKEN des Reflexiven Entwerfens gelenkt. Diese Rahmung fordert dazu auf, zentrale Aspekte, Eigenschaften und Potentiale der architektur- und landschaftsarchitekturbezogenen Entwurfsforschung gezielt in den Prozessen des Vorgehens zu suchen und sie zu verstehen. Ziel ist es, leitende Denk- und Handlungsformen von Entwerfen und Forschen in ihren generativen Konstellationen differenzierter zu erkennen, um sie weiterzuentwickeln. Viele der konkreten Praktiken zeigen sich dann als kreative Mischung aus divergierend und rational erzeugtem Erkennen in unterschiedlichen Gradationen. Darin eingebettet finden sich Relationen von sensibler Suche, Expertise und Risiko, von Singularität, Interaktion und Allgemeinheit, von analysierender Aktion, Synthese und Reflexion. Einige Kontexte dazu sollen nachfolgend aufgezeigt sowie einige Erkundungsvarianten charakterisiert und abgewogen werden. Spannende und gewinnbringende Perspektiven werden abschließend noch einmal skizziert.

REFLEXIVES ENTWERFEN Innerhalb des sich in den letzten Jahrzehnten stark entwickelnden Felds der Entwurfsforschung wird mit ‚Reflexivem Entwerfen' eine Forschungsperspektive beschrieben, die das Entwerfen, Konzipieren und Planen für räumliche Fragestellungen als spezifisches Denk- und Handlungsfeld von Architektur, Städtebau und Landschaftsarchitektur zum Erkenntnisgewinn, zur Wissensgenese und für die Anwendung untersucht und integriert.[1] Entwurfsbezogene Forschung ist nichts völlig Neues. Es handelt sich um eine neue Art der Akzentuierung oft auch selbstverständlicher Vorgehensweisen. Die erneuten Thematisierungen können impulsgebende Möglichkeiten für die Praxis und für das Selbstverständnis der Disziplin in akademischen und gesellschaftlichen, auf das Bauen bezogenen Kontexten bewirken. Nicht zuletzt entsteht damit auch eine Wertsetzung als Anschlussfähigkeit und Sinnhaftigkeit von Entwerfen im breiteren Kontext der Gestaltung menschlicher Umwelten.

MISCHUNG Reflexives Entwerfen verbindet Entwerfen und Forschen. Diese Forschungsperspektive möchte an Vorstellungen von Wissenschaft insofern anschließen, als die befragende Aufmerksamkeitshaltung in verschiedenen Aktionen und Zusammenhängen zu einer bewusst gesuchten Praktik und die Genese von Erkenntnissen angestrebt und offengelegt wird. Neue Verknüpfungen und neue Potentiale sind bei Praktiken der kreativen Mischung aber ebenso wichtig.[2] Der französische Wissenschaftssoziologe Bruno Latour propagierte um 2000 den Übergang von einer Kultur der Wissenschaft zu einer Kultur der Forschung. Wissenschaft wurde von ihm als mit Gewissheit verbundene harte, kalte und distanzierte Tätigkeit charakterisiert. Forschung dagegen sei mit Ungewissheit verbunden. Ihre Eigenschaften beschreibt er als anfachend, forcierend und riskant.[3] Diese Forschung kann durch eine relative Systematik ihres Vorgehens und Kommunizierens dennoch im Kontext konventioneller Forschungszusammenhänge agieren, auch wenn sie deren Strategien und Grenzen befragen, erweitern sowie zu Transformationen beitragen will.[4] Die Forschung zum Reflexiven Entwerfen zielt darauf ab, einen gewichtigen und gewinnbringenden Beitrag zur Theorie und Praxis des Entwerfens zu erzeugen im Sinne eines gestaltenden Tuns.[5] Wenn wir uns kulturell, wie Bruno Latour propagierte, im Übergang von einer Kultur der Wissenschaft zu einer Kultur der Forschung befinden, dann kann Reflexives Entwerfen dazu beitragen, diese Kultur der Forschung zukunftsweisend zu entwickeln und zu qualifizieren.

HINTERGRUND Die Thematisierung des Reflexiven Entwerfens erfolgt dabei vor dem Hintergrund eines Theorieensembles, das sich vor allem auf Entwurfsforschungen bezieht, die im Anschluss an verschiedene in den 1960er Jahren avancierte systematisierte Prozessvorstellungen entwickelt wurden.[6] Insbesondere Konzepte, die gegen eine rein wissenschafts- und ökonomiebasierte technische Rationalität gerichtet waren und ein Modell ganzheitlicher Wissensformation beförderten, werden dabei zu Referenzen. So wurden beispielsweise von dem amerikanischen Wissenschaftler und Urbanisten Donald Schön die Potentiale des ‚Reflective Practitioners' thematisiert im Sinne von Vorgehensweisen, die auf Erfahrungswissen aus expliziten und impliziten Wissensanteilen beruhen, deren Mischung als ‚Personal knowledge' bereits von Michael Polanyi eine besondere

Bedeutung für den Erkenntnisgewinn beigemessen wurde.[7] Das Wissen wird als überliefertes, erlerntes und zudem durch Entwurfshandeln selbst erzeugtes Wissen betrachtet, das verknüpft ist mit intuitiven Ebenen und mit rationalen Abwägungen.[8] Die Facetten der Entwurfsforschung, die dann vor allem in Europa verstärkt in den letzten Jahrzehnten in Tagungen und Publikationen der Design-, Architektur- und Landschaftsarchitekturdisziplin diskutiert wurden, sowie forschungsbezogene Diskurse aus dem Bereich der bildenden und darstellenden Künste und der ästhetischen Theorie bilden ebenfalls Bezugspunkte. In besonderem Maße impulsgebend befördern die übergreifende Wissenschaftsforschung und Deutungsrahmen der Gegenwart, wie sie insbesondere von französischen Forschern seit den 1960er Jahren initiiert und in den Folgejahrzehnten in vielen Facetten und Neuansätzen multipliziert wurden, die Suchprozesse. Hier sind beispielsweise die Reflexivität konturierenden Positionen von Pierre Bourdieu und Ulrich Beck zu nennen.[9] ‚Nicht gewusste' Voraussetzungen des Wissens und Handelns werden dabei ebenso thematisiert wie die Befähigung zum Hervorbringen von Alternativen durch die den Prozess qualifizierende reflexive Praxis.

POTENTIAL Im Spiegel dieser Zusammenhänge bildet Reflexives Entwerfen ein signifikantes Gefüge der Befragung, Erprobung und Produktion von Wissen und Gestalt. Dies hat für die Praxis den Vorteil, Erfahrungen, die schon gemacht worden sind, nicht jeweils singulär wiederholen zu müssen und durch die kommunizierte, kumulative Erfahrung vieler einen über die Reihung von Einzelbeispielen hinausgehenden Wissensschatz aus einem großen Feld zu erhalten und dadurch Raum für weitere Entwicklung und Entfaltung zu gewinnen.[10] Entwerfen und Forschen in Architektur und Landschaftsarchitektur werden außerdem durch die reflexive Praxis positioniert aufgrund der Zusammenhänge zum genannten Forschungshintergrund und insbesondere durch die Charakterisierung und Ausprägung von Praktiken und Kontexten, die zur Bestimmung des Architektur-, Landschaftsarchitektur- und Selbstverständnisses der Akteure und Akteurinnen sowie der Disziplin im Ganzen beitragen.[11] Die Relation zwischen Entwerfen und Forschen ist dabei gleichzeitig produktive Differenz wie kreative Mischung. Stimuliert wird die Feinjustierung von Praktiken, die zur Orientierung im intensiven Bemühen um praktische und qualitätsvolle Gestaltung beitragen.

Nach meiner Ansicht kommen die Fortschritte im wissenschaftlichen Denken von einer Verbindung lockeren und strengen Denkens, und diese Kombination ist das wertvollste Werkzeug der Wissenschaft.

Gregory Bateson

PRAKTIKEN Es handelt sich um besondere Praktiken, die besondere Vermögen erfordern, welche ebensosehr Fertigkeiten und Können einschließen wie Wissen, um eine Sache, einen Diskurs, ein Werk entsprechend der intentionalen Bestimmung in gewünschter Qualität herzustellen. Im Unterschied zu einem Begriffsfeld von ‚Praxis', die als Gesamtheit allen Tuns eines freischaffenden Architekten beispielsweise oder einer Wissenschaftlerin verstanden werden kann, adressiert der Begriff Praktiken – im Plural – spezifische Denk- und Handlungsweisen von Akteurinnen und Akteuren, die auch als grundlegend sich wiederholende und bei unterschiedlichen Personen in vergleichbarer Weise auftretende zu sehen sind wie auch als Mischung oder Bündel diverser Aktivitäten vorkommen. Seit der Renaissance entwickelte sich das Konzept des sogenannten ‚disegno' als materielles Verfahren und geistiges Prinzip, das beispielsweise von Giorgio Vasari beschrieben wurde. Nur die Personen, deren künstlerische Tätigkeiten eine solche kombinierte Eigenart aufwiesen, wurden in die renommierte, 1563 in Florenz gegründete Accademia del Disegno für Architektur, Bildhauerei und Malerei aufgenommen.[12] Die Disegno-Beschreibung besagt, dass nach einem zuvor erdachten Plan gearbeitet wird. Wichtig werden Intentionen, die durch Imaginationen geprägt sind. Und diese werden mit unterschiedlichen Medien erarbeitet, bearbeitet und präsentiert. Auch das damit gewonnene Wissen erscheint als ‚dichte Mischung' verschiedenartiger Wissensformen. Spätestens seit dieser Zeit gab es zahlreiche Architekten, die darüber hinaus ihre Ideen und Gedanken nicht nur in Zeichnungen und Modellen, sondern zudem auch in Textanalysen und intellektuellen Darlegungen ausdrückten und damit weitere Erkenntnisse generierten.[13]

IN BEWEGUNG Im Bereich von Architektur, Kunst und Landschaftsarchitektur hat die Praxisperspektive immer schon eine grundlegende Bedeutung. Die konkrete Arbeit der Entwerfenden wurde beispielsweise in der Thematisierung von Zeichnungen und Modellen in den Blick genommen oder sie wurde durch die Charakterisierung von Persönlichkeiten, ihrer Theorien und geschaffenen Werke unterschiedlich akzentuiert untersucht.

Gleichwohl ist der Kenntnisstand zu konkreteren Praktiken noch eingeschränkt und sind deren Eigenschaften erst in Teilen erfasst.[14] In den letzten Jahrzehnten gewannen in der akademischen Wissenschaftslandschaft disziplinübergreifende Forschungsperspektiven internationale Aufmerksamkeit, die auf Praktiken gerichtet sind. Vom Blick auf abgeschlossene, definierte Werke oder Situationen verschob sich das Interesse auf Vorgänge des Handelns, die diese selbst oder ihre Entstehung begleiten, auf Prozesse und Prozessuales sowie auf Verhaltensakte, die bislang unbeachtet blieben, routinisiert und mit implizitem Wissen verbunden sind. Dazu zählen auch Handlungsweisen in den Wissenschaften selbst sowie Diskurse unterschiedlicher Art, die ebenfalls Praktiken bilden.[15]

MIKROPRAKTIKEN In jüngerer Zeit und in Bezug auf Bruno Latours und Steve Woolgars Laborstudien im Salk Institute La Jolla in Kalifornien, die alltägliche Mikropraktiken und Prozesseigenarten in biowissenschaftlichen Forschungsprozessen als wesentliche Einflussfaktoren aufzeigten, beobachtete die Anthropologin Albena Yavena analog das Arbeiten im Alltag des niederländischen, weltweit agierenden Büros OMA/Rem Koolhaas. Sie arbeitete heraus, welche Praktiken für dieses Büro charakterisierend sind.[16] Ein wiederholter Vorgang ist beispielsweise das Arbeiten mit einer sehr hohen Zahl von Arbeitsmodellen sowie deren Wiederverwendung. Ein weiteres Praxiselement bilden Konzeptbücher, die der Sammlung von Informationen und zur Evaluation dienen und dazu beitragen zu verstehen, wie man architektonisch denken und arbeiten kann. Sie präsentieren nicht geniale Lösungen, sondern dokumentieren Suchprozesse, um diese wieder zu nutzen, neu zu interpretieren oder Erkenntnisse daraus in verschiedener Weise zu kommunizieren und übertragbar zu machen. Das ‚Re-' so Albena Yaneva, das ‚reusing, recycling, reinterpreting, rethinking' steht dabei im Zentrum des Entwerfens.[17] Die genannten Vorgehensweisen erinnern in Teilen an die Beschreibung von Forschungsprozessen und ihrer impliziten Anteile. Sie liefern Anhaltspunkte dafür, in welchen bislang weniger beachteten Praxisebenen nach kreativen Praktiken mit potentiell wissensgenerierender Wirkung gesucht werden kann. Auf diese Forschungsergebnisse sowie deren Grenzen und Potentiale kann aufgebaut werden.[18] Sie können, mit weiteren Dimensionen verknüpft, exemplarisch für zeitgenössische Arbeitskonditionen und Grundlagen schöpferischen Tuns betrachtet werden.

PRAXIS I KONTEXT Aufschlussreich am Beispiel von Rem Koolhaas und seinen Büros ist über die genannten Aspekte hinaus, dass entwerfendes Forschen und forschendes Entwerfen als Tätigkeitsbereiche getrennt wurden: mit AMO für konzeptuelle, stark theoriebasierte Projekte einerseits und OMA für baulich-räumliche Projekte zur physischen Realisierung andererseits. Beide erscheinen dennoch als ein Büro und sein Double. Benannt werden kann an diesem Beispiel zudem, dass es sich in Architektur und Landschaftsarchitektur, zumindest, wenn es um größere Projekte geht, immer um ein kollektives Unternehmen handelt und auch Entwürfe oft im Team entstehen. Darüber hinaus sind Bedingungen nicht nur aus einem kulturellen Kontext und aufgrund der verwendeten Medien und Materialien gegeben. Auch ökonomische, ökologische und logistische Aspekte wirken hinein und potentiell ebenfalls der Auftraggeber. Dennoch gibt es eine Art von Autorschaft in den meisten zeitgenössischen Büros, die von einer oder von wenigen Leitfiguren geformt wird. Sie sind es, die eine Grundkonzeption prägen und eine gewisse Konsistenz, Verbindlichkeit und Orientierungsfunktion besitzen sowie Authentizität hervorrufen können. Mit anderen Worten: Randbedingungen, Haltungen und Ziele spielen eine Rolle.

GRUNDKONZEPTION Bei der Grundkonzeption handelt es sich um den bedingenden Kontext für die Praktiken einerseits und um eine die verschiedenen Projektentwürfe begleitende Prägung und Haltung andererseits. Sie bildet eine relative Konstante, die als Position mit den jeweils aktuellen situativen Gegebenheiten dann wechselwirksam verknüpft wird. Die Konzepte zu reflexiver Praxis und zu Wissensformen wie dem impliziten Wissen von Michael Polanyi, Donald Schön oder Pierre Bourdieu beispielsweise beinhalten alle auch den Hinweis auf Grundhaltungen und einen Fundus von Bezügen auf kollektive Haltungen, Gepflogenheiten und Wertsetzungen.[19] Die Grundkonzeption wird in langen Prozessen aus Wissensgrundlagen der Disziplin sowie biographischen, sozialen und kulturellen Kontexten aufgebaut und kann durch Forschungsphasen maßgeblich gestärkt und qualifiziert werden. Dieser Aufbauprozess erzeugt gleichzeitig einen wachsenden Wissenskorpus darüber, wie man diese Prinzipien und Konzepte durch Entwerfen realisieren kann.[20] Darin wiederum zeigen sich erneut Forschungsperspektiven des Reflexiven Entwerfens, insbesondere bezüglich der Situierung der Praktiken in Entwurfs- und Forschungstraditionen und deren anspruchsvoller kreativer Generierung und Transformation sowie spezieller Erkenntnisformen und ihrer Funktionen in Relation zu zeitgenössischen Wissensordnungen und kulturellen Konditionen. Reisen, grundlegende ästhetische und soziale Phänomene baulich-räumlicher Gestaltung thematisieren und analysieren, Archive entwickeln oder Mimesen oder Konzepttransfers in unterschiedlichen Varianten erproben sowie Ausstellungen kuratieren oder Bücher schreiben und edieren sind Beispiele für Erkenntnisgenesen, wie sie sich unter anderem bei Le Corbusier, Oswald Mathias Ungers, Bernard Tschumi, Peter Zumthor, Dieter Kienast oder Günter Vogt aufzeigen lassen und von diesen mit verschiedenen entwerferischen und forschenden Praktiken verbunden wurden.[21]

PROJEKTKONZEPTION In den genannten Dimensionen erschöpft sich das Potential Reflexiven Entwerfens jedoch nicht. Verschiedenartige Entwurfsphänomene und deren Wurzeln und Reichweiten zu erkennen sowie Unterscheidungskriterien und vergleichende Beobachtungsgrundlagen zu erzeugen für Projekte und Qualitätszuschreibungen bedeutet, auch Ausgangspunkte für Innovation und Eckpunkte für konkrete zu realisierende Projekte zu schaffen. Den situativen Kontexten und insbesondere auch den eingesetzten Mitteln und Medien kommt dabei besondere Bedeutung zu. Die Aufforderung, einen reflexiven Modus der eigenen Praktiken zu integrieren und auch kollektiv zu etablieren, verweist auf ein Relationsgefüge, dessen reaktive und proaktive Eigenschaften, insbesondere bezogen auf die Prozessstruktur, für das Entwerfen und das forschende Entwickeln von Zukunftsprojekten generativ wirken können. Ziel eines vor diesem Hintergrund agierenden Entwerfens und Forschens kann neben der Untersuchung impliziter Wissensebenen in Entwurfs-, Handlungs- und Wirkungszusammenhängen selbstverständlich auch die vorausschauende Konzipierung lokal und global wirksamer zukunftsfähiger Beiträge zu zeitgenössischen Aufgaben und Entwicklungen der Umweltgestaltung sein. In dieser Weise ist auch die Möglichkeit gegeben, in Architektur-, Städtebau- und Landschaftsarchitekturkontexten in unterschiedlicher Weise involvierte Personen in die Diskurse zu integrieren. Mit anderen Worten: Eine Praxistheorie, die die konkrete Ausgestaltung von Tätigkeiten – auch im Vergleich – in den Blick nimmt, ist analytisch, synthetisierend und performativ. Reflexivität als individuelles und kollektives selbstkritisches Nachdenken in der Entwurfs- und Forschungspraxis kann dabei vermittelnd wirken.[22] Es geht um eine Schichtung von Diskurs und Handeln und um das Entwickeln, Machen, Herstellen, Herbeiführen.[23]

KONSTELLATIONEN Im Versuch, die spezifischeren gewinnbringenden Beobachtungsperspektiven für das Forschungsfeld des Reflexiven Entwerfens zu entfalten, werden Annäherungen über verschiedene Anordnungen vorgeschlagen und durchgeführt.[24] Das können eher deskriptive oder analytische, aber ebenso mehr theoretische oder eher aktionsbezogene projektive Formate sein. Es werden dabei Forschungs- wie Entwurfswege mittels unterschiedlicher prozessprägender Begriffe in den Blick genommen, die dazu dienen können, etwas sichtbar zu machen. Entwerfen und Forschen werden dabei im Sinne offener Denkräume eher als strukturähnlich denn als grundsätzlich unterschieden betrachtet. Es sind beides Annäherungen an Wissensgenerierung.[25] Im Weiteren können ebenfalls beide dazu beitragen, Wirklichkeiten nicht nur zu erkennen, sondern auch zu verändern. Selbstverständlich ist dies mit historisch wechselnden Relationsgefügen verbunden und ebenso mit verschiedenen normativen Perspektiven. Festzuhalten ist, dass den Suchprozessen nicht eine bestimmte festgeschriebene Art von Entwerfen oder eine strikte Taxonomie von Forschung zugrunde liegt, sondern erst im Zuge der jeweils gewählten Perspektiven, Ziele und temporären Konstellationen der Entwurfs- und Forschungsprozesse versucht wird, deren Eigenschaften und Relationen zu klären, zu modifizieren, zu erzeugen und zu profilieren.

ANORDNEN Es können beispielsweise Erfinden, Experimentieren und Katalysieren als Subthemen gewählt werden – wie in dieser Publikation – im Sinne einer Anordnung, die von nahezu alltäglichen Begriffen in Entwurfs- und Forschungskontexten ausgeht, um übergreifende Praktiken zu charakterisieren. Dies ist ein Versuch, sich der Möglichkeit zu enthalten, vorschnell zu scheinbar ‚objektiven' Bestimmungen von Eigenschaftsstrukturen, Gültigkeitsgrenzen oder Verbindlichkeiten zu kommen. Es ist ein Versuch, durch einen gewissen Grad an Abstraktion zu ordnen.[26] Die eigentlichen Phänomene sind komplexer, und es ließen sich ohne Mühe Widersprüche generieren. Experimentieren beispielsweise ist in vielen technik- und naturwissenschaftlichen Zusammenhängen ‚die' Voraussetzung für Erfindungen und beide finden sich im Begriffsgebrauch oft sogar gleichgesetzt. Umgekehrt bezeichnen Entwerfende in gestalterischen Bereichen ihre durch ungewohntes Vorgehen und ihre oft durch Einmaligkeit gekennzeichneten Schaffensprozesse gerne als Experimentieren. Dennoch wurde hier an diesem Verfahren des Anordnens in drei Subthemen festgehalten. Es zeigen sich dann Praktiken, die in Dimensionen des Mehr oder Weniger und der Feinabstufungen zu denken sind. Anordnen bedeutet, nicht Gleichheit

[...] dass wir stets irgendwo in der Mitte anfangen müssen, über die Wirklichkeit zu sprechen mit Begriffen, die erst durch ihre Anwendung allmählich einen schärferen Sinn erhalten, und dass selbst die schärfsten [...] Begriffssysteme nur tastende Versuche sind, uns in begrenzten Bereichen der Wirklichkeit zurechtzufinden.

Werner Heisenberg

unter dem Gruppierten herzustellen, sondern sollte gedacht werden als entwicklungsfähige Konzeption. Eine solche Reflexionspraktik bewegt sich in einem konzeptuellen Zwischenraum zwischen dem (vollständig) Ungeordneten und dem Geordneten in der Art einer systematischeren Betrachtung, die hier aus der theoretischen Perspektive im Nachhinein vorgenommen wird, um einen Erkenntnisraum zu umreißen.[27]

ERFINDEN I EXPERIMENTIEREN I KATALYSIEREN Die in diesem Buch nachfolgend vorgestellten Darbietungen zu Praktiken des Entwerfens und Forschens in der Architektur und Landschaftsarchitektur zeigen sich relativ heterogen, in den relevanten Merkmalen eher kontrastiert und bilden damit ein informationsreiches und spannendes Spektrum für weitere Reflexionen. Im Kontext der Thematisierung von Erfinden scheinen die Prozesse durch vielfältige Analogien und Bezugssetzungen insbesondere zu künstlerischen Vorgehensweisen geprägt. Sie zeigen sich als kreative Prozesse einerseits mit Praktiken des Interpretierens, Übertragens, Modifizierens und Bildens und andererseits mit Ergebnissen, die eher singulär geprägt sind, selbst wenn sie mit rational entwickelten Analyseprozessen verknüpft wurden. Im Zusammenhang mit der Thematisierung von Experimentieren ist die Vorgehensweise a priori stärker mit der Intention verbunden, etwas für das Entwerfen oder das Forschen oder über beides herauszufinden. Der Möglichkeitsraum dessen, was Ergebnis sein könnte, bewegt sich durch den Einfluss gewisser Prozessstrukturen in der Regel innerhalb eines zu erwartenden und vorbereiteten Feldes von Ergebnissen mit bestimmten Eigenarten, auch wenn letztlich hier auch unerwartet Generiertes auftreten kann. Es sind graduelle Unterschiede. Katalysieren schließlich, als Aktionen und Reaktionen beschleunigendes Moment, findet sich in den beiden genannten Praktiken wieder. Darüber hinaus kann es als intermediäre Aktion akzentuiert werden und mit einer stärkeren Betonung des Forschens und Förderns verbunden sein, wobei aber auch hier wieder mögliche Unbestimmtheiten offen bleiben. Anordnen ist daher zu verstehen im Sinne einer Ordnung von Arrangements mit variabler Ähnlichkeit und mit divergenten Einheiten.[28] Die Begriffe Erfinden, Experimentieren und Katalysieren wurden gewählt, um für neue Erkenntnisfelder und für noch zu leistende Argumentationen Konturierungen zu ermöglichen. Sie können zum Anlass und zu Mitteln der Orientierung und der Veränderung werden.[29]

KUNST DES HANDELNS Es geht eine grundsätzliche Vorläufigkeit mit dieser Anordnung einher. Die Verschiedenheit von Sichtweisen und Positionen wird wertgeschätzt und vorgestellt, um die jeweiligen anderen Horizonte zu erweitern. Die Gruppierungen sind nicht beliebig. Sie umkreisen spezifische Weisen, sich zu den Entwurfs- und Forschungswirklichkeiten in Bezug zu setzen, um dadurch vielleicht erst jene durch subtiles und diskretes Mischen geprägten Formationen zu erkennen, die sich produktiv weiterentwickeln lassen. Die Beiträge zeigen die genannten Praktiken verbunden mit unterschiedlichen Aktivitäten in verschiedenen Sequenzen und Kombinationen in verschiedener Weise. Aus dem dynamischen Zusammentreffen ergibt sich jeweils eine spezifische Gesamtsituation der kreativen Mischung von Entwerfen und Forschen, von Schöpfen, Schaffen, Bilden, Produzieren, Machen, Kreieren des Forschungsfeldes Reflexives Entwerfen. Das Arsenal an Praktiken, die reflektiert und genutzt werden, steht schon zuvor bereit.[30] Es geht um das Hineinreflektieren in die Praktiken des Entwerfens und Forschens und um das Explizieren und Herausreflektieren der involvierten Wissensformen, der impliziten und expliziten und all ihrer Mischungen und unerkannten Erweiterungen.[31] Reflexives Entwerfen wirkt dann als eine aufmerksame, sensitive, kontextuelle, generative und progressive Position. Die Neubelichtung zeigt die (noch) verborgenen Potentiale für die Architektur und Landschaftsarchitektur im Bereich des Entwerfens und des Forschens und insbesondere in ihrer Mischung. Diese Prozesse können auch als Prozesse der Klärung und Aufklärung beschrieben werden.[32] Die Position des Reflexiven Entwerfens richtet sich hauptsächlich auf die Welt, wie sie sein könnte. Sie kann verstanden werden als anhaltender Prozess, der komplexe Anordnungen als Zwischenbereiche einschließt. Das Ganze ist dann mehr als die Summe seiner Teile und deren Wechselwirkungen: ein Zukunftsprojekt der Generierung von Wissen und Gestaltung.[33] Die Kunst – griechisch techné und lateinisch ars –, die Kunst des Handelns besteht dann darin, diese zu entwickeln.

ANMERKUNGEN **1** Vgl. Margitta Buchert, Reflexives Entwerfen. Topologien eines Forschungsfelds, in: id. (ed.), Reflexives Entwerfen. Reflexive design, Berlin: jovis 2014, 24-49 **2** Vgl. zum Bedeutungsfeld reflexiver Haltungen Herbert Schnädelbach, Reflexion und Diskurs. Fragen einer Logik der Philosophie, Frankfurt/Main: Suhrkamp 1977, 11-13; zu reflexiven Anteilen der Forschung in kreativen Bereichen auch: Henk Slager, Nameless science. Introduction, in: Art & Research. A journal of ideas, contexts and methods 2 (2009)/2, 1-4, 2-3, auf: http://www.artandresearch.org.uk/v2n2/slager.html/ 31.3.2016 **3** Bruno Latour, From the world of science to the world of research, in: Science 280 (1998), 208-209; dazu auch: Elke Bippus, Künstlerische Forschung, in: Jens Badura/Selma Dubach/Anke Haarmann, Künstlerische Forschung. Ein Handbuch, Zürich: Diaphanes 2015, 65-68, 65-66 **4** Vgl. hierzu auch John Zeisel, Inquiry by design. Environment. Behavior. Neuroscience in architecture, interiors, landscape and planning, London et al.: Norton 2006, 33-90 **5** Vgl. Herbert Simon, Die Wissenschaften vom Künstlichen, Berlin: Kammerer & Unverzagt 1990, 65 **6** Vgl. zur Geschichte der Entwurfsforschung aus der Perspektive des Design, die in vielen übergreifenden Aspekten auch als signifikant für Architektur und Landschaftsarchitekturentwicklungen betrachtet werden kann Nigam Bayazit, Investigating design. A review of forty years of design research, in: Design Issues 20 (2004)/1, 16-29; Claudia Mareis, Design als Wissenskultur. Interferenzen von Design und Wissenskulturen seit 1960, Bielefeld: Transcript 2011, 87-174 **7** Donald Schön, The reflective practitioner. How professionals think in action, Aldershot: Ashgate 2003, 128-203; hierzu und zum Folgenden auch Buchert 2014 op. cit. (Anm.1), 26-33 **8** Vgl. ibid. und Martin Prominski, Landschaft entwerfen. Zur Theorie aktueller Landschaftsarchitektur, Berlin: Reimer 2004, 103 **9** Vgl. beispielsweise Ulrich Beck/Boris Holzer, Reflexivität und Reflexion, in: id./Christoph Lau (eds.), Entgrenzung und Entscheidung. Was ist neu an der Theorie reflexiver Modernisierung?, Frankfurt/Main: Suhrkamp 2004, 165-192, 168-175; Pierre Bourdieu, Science of science and reflexivity, Cambridge: Polity Press 2006, 89-95 und passim **10** Vgl. hierzu auch Hans Blumenberg, Theorie der Unbegrifflichkeit, Frankfurt/Main: Suhrkamp 2007, 21 und 26; M. Elen Deming/Simon Swaffield, Landscape architecture research. Inquiry, strategy, design, Hoboken, NJ: John Wiley Sons, 38 **11** Vgl. hierzu auch Georg W. Bertram, Kunst als menschliche Praxis. Eine Ästhetik, Berlin: Suhrkamp 2014, 13 und 54; Harald Bodenschatz, Reflexiver Städtebau, in: Wüstenrot Stiftung (ed.), Nachdenken über Städtebau. Bausteine für eine Interpretation im 21. Jahrhundert, Berlin: Dom 2013, 185-209, 207-209 **12** Vgl. zum Disegnobegriff bei Vasari Matteo Burioni, Gattungen, Medien, Techniken. Vasaris Einführung in die drei Künste des Disegno, in: id. (ed.), Giorgio Vasari. Einführung in die Künste der Architektur, Bildhauerei und Malerei, Berlin: Klaus Wagenbach 2006, 7-24, 10-12; zum Begriff des dichten Geflechts/dichten Wissens vgl. Jean-François Lyotard, Das postmoderne Wissen: Ein Bericht (frz. 1979), Wien: Passagen 1986, 69-71 **13** Jonathan Hill, Design research. The first 500 years, in: Murray Fraser (ed.), Design research in architecture, Farnham: Ashgate 2013, 15-33 **14** Vgl. hierzu beispielsweise Murray Fraser, Introduction, in: ibid. 5-14; Sabine Ammon/Eva Maria Froschauer, Zur Einleitung: Wissenschaft Entwerfen. Perspektiven einer reflexiven Entwurfsforschung, in: ids. (eds.), Wissenschaft Entwerfen. Vom forschenden Entwerfen zur Entwurfsforschung der Architektur, München: Wilhelm Fink 2013, 15-44, 16-29 **15** In diesen Ausführungen werden zwei Tendenzen zusammengefasst, die in Theoriediskursen auch als Performative turn und als Practice turn bezeichnet werden. Vgl. dazu Erika Fischer-Lichte, Ästhetik des Performativen, Frankfurt/Main: Suhrkamp 2004; Theodore Schatzki/Karin Knorr Cetina/Eike von Savigny (eds.), The practice turn in contemporary theory, London et al.: Routledge 2005; Krista Sykes, Introduction, in: id. (ed.), Constructing a new agenda. Architectural theory 1993-2009, New York: Princeton Architectural Press 2010, 14-29, 16-23 sowie Michel Foucault, Archäologie des Wissens, Frankfurt/Main: Suhrkamp 1981, 14-15. **16** Vgl. Bruno Latour/Steve Woolgar, Laboratory life. The construction of scientific facts, Princeton, NJ: Princton University Press

1986; Albena Yaneva, The making of a building. A pragmatist approach to architecture, Bern et al.: Peter Lang 2009, 4-6 und 24-25 **17** Vgl. Albena Yaneva, Made by the Office of Metropolitan Architecture. An ethnography of design, Rotterdam: 010 2009, 67,73,89 und 95-96 **18** Zur Kritik vgl. Sabine Ammon, Wie Architektur entsteht. Entwerfen als epistemische Praxis, in: id./Eva Maria Froschauer 2013, op. cit. (Anm.14), 337-361, 339-346 **19** Vgl. Theodor Schatzki, Introduction, in: id./Knorr-Cetina/Savigny 2005 op. cit. (Anm.15), 2-13, 12; Claudia Mareis, The nature of design, in: id./Gesche Joost/Kora Kimpel, (eds.) Entwerfen. Wissen. Produzieren, Design im Anwendungskontext, Bielefeld: Transcript 2010, 121-143, 129-139 **20** Vgl. Bryan Lawson, What designers know, New York: Taylor & Francis 2004, 112-113 **21** Vgl. hierzu beispielsweise Bruno Reichlin, Le Corbusiers Traktat über das Entwerfen, in: Daniel Gethmann/Susanne Hauser (eds.), Kulturtechnik entwerfen. Praktiken, Konzepte und Medien in Architektur und Design science, Bielefeld: Transcript 2009, 121-129; Andres Lepik (ed.), O.M. Ungers. Kosmos der Architektur, Ostfildern: Hatje Cantz 2006; Margitta Buchert, Über Architektur. Bernard Tschumis Parc de la Villette in Paris, Hannover: TIB 1995, 128-153; Peter Zumthor, Architektur denken, Basel: Birkhäuser 2010; Anette Freytag, Dieter Kienast. Stadt und Landschaft lesbar machen, Zürich: gta 2016, 46-58; Günter Vogt, Model landscape, landscape model, in: Jürgen Weidinger (ed.), Entwurfsbasiert forschen, Berlin: Universitätsverlag TU 2013, 83-87. Zwischen der reflexiven Behandlung der Aspekte durch die Entwerfenden selbst oder durch Theoretiker und Theoretikerinnen wurde bewusst nicht unterschieden. **22** Pierre Bourdieu/Loïc Wacquant, Reflexive Anthropologie, Frankfurt/Main: Suhrkamp 1996, 63-64 und 287 **23** Vgl. hierzu auch Jürgen Habermas, Der philosophische Diskurs der Moderne. Zwölf Vorlesungen, Frankfurt/Main: Suhrkamp 1988, 375 **24** Vgl. beispielsweise DARA 1-6, Internationale Symposien mit Themen wie Transfer und Transformation, Wechselwirkungen oder Komplexe Ordnung, Hannover 2011-2016; Studio Urbane Landschaften, Let's walk urban landscape. New pathways in design research, Internationales Symposium Hannover 2015, auf: http://letswalkurbanlandscapes.urbanelandschaften.de/ 20.8.2016; Michael Schumacher/Oliver Schaeffer/Michael-Marcus Vogt (eds.), Move: Architektur in Bewegung, Basel et al.: Birkhäuser 2010; Hilde Léon, Der kontrollierte Größenwahn. Über die Ambivalenz beim Entwerfen, Ostfildern: Hatje Cantz 2011; Martin Prominski/Antje Stokmann et al., Fluss.Raum.Entwerfen. Planungsstrategien für urbane Fließgewässer, Basel et al.: Birkhäuser 2012; Margitta Buchert/Laura Kienbaum (eds.), Einfach Entwerfen. Wege der Architekturgestaltung, Berlin: jovis 2013 **25** Vgl. hierzu auch Hille von Seggern/Julia Werner/Lucia Grosse-Bächle (eds.) Entwerfen als integrierender Erkenntnisprozess, in: ids. (eds.), Creating knowledge. Innovationsstrategien im Entwerfen urbaner Landschaften, Berlin: jovis 2008, 34-63, 36-38; Simon Grand/Wolfgang Jonas, Introduction, in: ids. (eds.), Mapping design research, Basel: Birkhäuser 2012, 2-8, 4 **26** Vgl. hierzu Paul Rabinow, Anthropologie der Vernunft, Studien zu Wissenschaft und Lebensführung, Frankfurt/Main 2004, 229 **27** Vgl. zur offenen Systematisierung Paul Hoyningen-Huene, Systematicity. The nature of science, Oxford: Oxford University Press 2013, 25-30; 173-174 **28** Vgl. Theodore Schatzki, Practice minded orders, in: id./Knorr-Cetina/Savigny 2005, op. cit. (Anm.15), 50-64, 42 **29** Vgl. Hans Blumenberg 2007, op. cit. (Anm.10), 10-12; hierzu im Weiteren auch Martin Suhr, Pragmatismus, in: Elke Bohlken/Christian Thies (eds.), Handbuch Anthropologie. Der Mensch zwischen Natur, Kultur und Technik, Stuttgart et al.: Metzler 2009, 225-233, 227 **30** Vgl. hierzu auch Michel de Certeau, Kunst des Handels, Berlin: Merve 1988, 149; Zeisel 2006, op. cit. (Anm.4), 33 **31** Vgl. hierzu auch: Günter Abel, Die Wissensformen der Architektur. Plädoyer für eine Vernetzung von Wissensforschung und Architekturtheorie, in: Dieter Eckert (ed.), Die Architektur der Theorie. Fünf Positionen zum Bauen und Denken, Berlin: DOM 2014, 39-57, 52-56 **32** Vgl. Michel Foucault, What is enlightenment, in: Paul Rabinow (ed.), The Foucault Reader, New York: Pantheon Books 1984, 32-50 **33** Vgl. Simon 1990, op. cit. (Anm.5), 145

ERFINDEN

Paradox des Suchens: Wenn Du nicht weisst, wonach Du suchst, aber es erkennst, wenn Du es findest. Der wirkliche Erfinder kennt das Ziel also nicht, und so hilft ihm nur ein versuchendes Tun. In der Wissenschaft nennt man diese Suche ‚Forschung'.

David Stark

Zunächst soll offen bleiben, ob und wie der Begriff Erfinden zu einer Orientierung beitragen kann. In seiner historischen Entwicklung und gegenwärtigen Diskurspräsenz wird er in diversen Anwendungen gebraucht. In der antiken Rhetorik hatte Cicero beispielsweise die ‚ars inveniendi' als das Suchen und Finden von überzeugenden Argumenten und als Kunst der Entdeckung beschrieben.[1] Auch heute noch wird in den überwiegenden Fällen Finden als aktive, mit Suchen oder Analysieren verbundene Handlung charakterisiert. Zufallsfunde durch überraschende Wendungen können als nicht unbedeutende Anteile mitschwingen.[2] Im ‚Erfinden' erhält dieser Prozess eine Artikulation des Neuen, des neuen Blickwinkels, Werkzeugs, Erzeugnisses oder einer neuen Gestalt. Dies hat mit imaginativen Potentialen zu tun, die neben Ableitungen oder gegliederten Entwicklungen auch spielerische Momente enthalten. Sie wirken in die Genese von Erkennen und Wissen in Forschungsprozessen ebenso gewichtig hinein wie in die Gestaltung neuer Ideen, Artefakte und Kontexte.[3]

In dieser Weise verstanden, zeigt sich Erfinden als ein Bündel unterschiedlicher lösungsorientierter Tätigkeiten, die schöpferisch oftmals auf Originäres und Besonderes gerichtet sind. Es verwundert daher wenig, dass der Begriff Erfinden nicht selten verwendet wird, um Ebenen des Entwurfsvorgangs in Architektur und Landschaftsarchitektur zu beschreiben, die zur gelingenden Lösung einer komplexen Aufgabe und zur Genese spezifischer Formationen beitragen. Nahezu jede Entwurfsaufgabe ist einmalig und mit jeweils verschiedenen Situationen in Raum und Zeit verbunden. Das Projekt entwickelt sich in der Regel aufgrund von iterativen Prozessen und vor dem Hintergrund von Erfahrungen, Beobachtungen und Wissen. Analogien und Referenzen zu sowie das Entdecken und Interpretieren von bereits Vorhandenem, das aufgenommen, auf das reagiert und das qualitativ verändert wird, werden im Zusammenhang mit Entwerfen und Forschen mit dem Begriffsfeld von Erfinden ebenso assoziiert wie das Entdecken von vollkommen Neuem.[4] Auch wenn es für einige Wissenschaften enge Klassifikationen und für bestimmte kulturelle Bereiche Patentregelungen gibt, die festschreiben, wann etwas als Erfindung zählt, ist die erfinderische Leistung selbst nicht wiederholbar.[5] Thematisiert werden können Bedingungen und einzelne Denk- und Handlungsweisen, die diese Prozesse nachvollziehbar und in Teilen auch verallgemeinerbar und transferfähig machen.

Die Beiträge von Hilde Léon, Christiane Sörensen und Antje Buchholz tragen dazu bei, dem Begriff Erfinden eine sinnliche und intellektuelle Dichte zu geben. In graduell unterschiedlicher Verknüpfung mit Wissensbereichen stellen sie aus ihren Praxiskontexten heraus verschiedene Praktiken der Verbindung von Entwerfen und Forschen vor.

In ihrem Beitrag ‚Finden I Erfinden' beschreibt Hilde Léon die Selbstverständlichkeit der erfahrenen Praxis. Sie verbindet dies mit übergreifenden Forschungserkenntnissen zum Phänomen der Kreativität, das neben dem analytischen Denken eine gewichtige Rolle im Entwurfsvorgang spielt. Prägungen der eigenen Entwurfspersönlichkeit und eines spezifischen Sets von Grundthemen sowie eine allgemeinere Diagnose von Komponenten und Praktiken, die einen Entwurfsprozess gestalten, werden dabei in den Vordergrund gerückt. Neben der auf Vorbilder, Referenzen und Präferenzen bezogenen Grundkonzeption, die individuell und kulturell geprägt ist und sich ebenfalls durch kollektive Aktionen und Diskurse stabilisiert, werden dabei auf die Entwurfskreativität gerichtete Prozessanteile wie das Beobachten, dialogische Entwickeln, Spielen,

Begrenzen und Entgrenzen sowie Verführen und Zweifeln als generative Praktiken charakterisiert. In einer zwischen narrativer Artikulation und Forschungsdiskurs wechselnden Weise vermitteln die kompakt vorgetragenen Informationen und Recherchen Erkenntnisse analog zu jenen breiter angelegter Forschungsstudien zum Entwurfshandeln und zu Entwurfskontexten.[6] Das Forschungsmotiv, berufsfeldbezogene Aspekte der Kreativität und prä-inventives Wissen zu Bedingungen und Praktiken aufzudecken und – im Vergleich – übergreifende Aspekte als Wissensanteile zu kreativer Tätigkeit im Kontext der Konditionen zeitgenössischer Architektur, Kunst und Forschung darzubieten, kann als spannungsreich und als reflexive entwurfstheoretische Forschungsform bezeichnet werden. Die besonders akzentuierte Aufmerksamkeit für das Phänomen des Schöpferischen thematisiert dabei implizit auch die immer wiederkehrende und anhaltende Faszination dafür, grundlegende Antriebskräfte forschender und entwerferischer Tätigkeiten zu erfassen und erinnert zugleich an die Grenzen der Beschreibbarkeit von Wissen.

Ebenfalls auf der eigenen beruflichen Praxis aufruhend zeigt Christiane Sörensen anhand konkreter Projektbeispiele, wie Grundthemen der eigenen Position des ‚Topografischen Denkens und Entwerfens' einen inhaltsspezifischen Suchprozess leiten und dann ausgehend von den erforschten Erkenntnissen in Projektkonzeptionen situationsbezogen schöpferisch wirksam werden. Es sind zugleich grundlegende Themen der Landschaftsarchitektur, die Interpretation von Zeit und Ort und ihre verschiedenen Verknüpfungen, welche über weite Spannen die praktizierte Entwurfs-, Forschungs- und Lehrtätigkeit begleiten. Neben dem intensiven Wahrnehmen und Recherchieren wirkt die Analogiebildung als primäre generative Praktik, beispielsweise über Referenzen zu Malerei, Film und Gartenkunst. Es ist die Fähigkeit, sich das Nichtgegenwärtige zu vergegenwärtigen, Wahrnehmungen über den Moment hinaus festzuhalten und sie zurückzurufen und zu aktivieren für den neuen Entwurf, die, verwoben mit der Beobachtung der spezifischen Situation, im Entwurfsprozess als Praktik schöpferischen Tuns wirkt und in erfinderischen Kompositionen transformiert und neu artikuliert wird.[7] Die thematischen Prioritäten und Bezugsfelder bilden Wertsetzungen und reflexive Praktiken im doppelten Sinne. Sie übersteigen den Einzelentwurf und bringen einen individuellen Wissenskörper hervor, der prä-inventiv und zugleich generativ in den Entwurfsvorgang hineinwirkt. Dort erzeugt und qualifiziert dieses Wissen den weiteren Prozess. In dem vorliegenden Beitrag werden sie als Lösungstyp dargeboten und vermittelt, wodurch die Praktiken zum ‚Enthüllen und Verdichten des Ortsgedächtnisses' wie das Beobachten und Analysieren, Übertragen und Transformieren auch transferfähig werden. Das Erfinden wird von spezifischen Forschungsprozessen vorbereitet und begleitet. Entwerfen und Forschen sind ineinander verwoben.

Eine andere Form des Erfindens wird im Beitrag von Antje Buchholz deutlich. Am Beispiel einer komplexen Thematisierung und Realisierung von Modellen zeigt sie exemplarisch auf, wie forschende Prozesse in der Praxistätigkeit als geordnetes und ausgewertetes Vorgehen ein reflexives Tätigsein und reflexives Entwerfen begründen können. Modelle bauen ist ein übergreifender, konzeptuell entwickelter Forschungs-, Denk- und Gestaltungsprozess von BARarchitekten, der aus einzelnen Modellen zur ‚Modellstadt' zusammengestellt und dargeboten wird. Dieses Ensemble dient als eine Art Wissensspeicher zur Entwicklung und Weiterentwicklung des Architektur- und Selbstverständnisses wie zur Orientierung für Ideenprozesse des Entwerfens und kann schließlich auch Fragen zur Konstitution und Bedeutung von Modellen aufwerfen. Die Beobachtung von Alltagsphänomenen in ihrer Verbindung zu städtischem und architektonischem Raum sowie die Analyse von Fallbeispielen und das Konzipieren eigener Projekte führen zum Bau von physischen, bestimmte architektonische Eigenschaften akzentuierenden Modellen, die ihre Wirkkraft insbesondere in der Kombination und Vernetzung erreichen. Zu deren Genese wird ein weites Spektrum von Medien und forschenden Praktiken eingesetzt wie Recherchieren, Explizieren, Analysieren, Intervenieren, teilnehmendes Beobachten, öffentliches Präsentieren und Erfahrbarmachen. In diesem Vorgehen zeigen sich Ähnlichkeiten zu wissenschaftlichem Forschen, zu künstlerischen Forschungen wie auch zu alltäglichen Suchprozessen.[8] Als Sequenz aus Modellbau und Realisierung, aus Forschen und Entwerfen bilden die Praktiken insgesamt innovative Akte der Erfindung, vergleichbar jenen, die im künstlerischen Bereich und auch von BARarchitekten selbst mit dem Begriff des Experimentierens bezeichnet werden.[9] Forschungs- und Gestaltungshandeln vermischen sich. Zwischen materieller und ideeller Sphäre entsteht das Neue als spezifische Weise der entwurfsbezogenen beruflichen Tätigkeit. MB

ANMERKUNGEN **1** Vgl. zur Begriffsgeschichte und Systematik: Gerhard Banse, Konstruieren im Spannungsfeld: Kunst Wissenschaft oder beides? Historisches und Systematisches, in: id./Käthe Friedrich (eds), Konstruieren zwischen Kunst und Wissenschaft. Idee, Entwurf, Gestaltung, Berlin: Edition Sigma 2000, 19-79; Hans Poser, Homo creator. Technik als philosophische Herausforderung, Wiesbaden: Springer 2016, 317-338 **2** Vgl. zu serendipen Wendungen Hans-Jörg Rheinberger, Glück in der Forschung, in: Renate Breininger (ed.), Glück. Bausteine zur Philosophie, Ulm: Universität Ulm Humboldt Studienzentrum 2006, 195-206 **3** Vgl. Emmanuel Alloa/Gottfried Boehm et al. (eds), Imagination. Suchen und finden, München: Wilhelm Fink 2013 Vorwort, 9-11, 9 und passim. **4** Vgl. Margitta Buchert, Formen der Relation. Entwerfen und Forschen in der Architektur, in: Ute Frank et al. (eds.), EKLAT, Berlin: Universitätsverlag 2011, 76-86 **5** Vgl. hierzu Banse 2000, op. cit. (Anm.1), 26 **6** Vgl. beispielsweise Bryan Lawson, What designers think. The design process demystified, Oxford et al.: Elsevier 2006, 299-301 **7** Vgl. hierzu auch Herbert Schnädelbach, Erkenntnistheorie zur Einführung, Hamburg: Junius 2002, 96 und 108 **8** Vgl. zur künstlerischen Forschung Haus der Kulturen der Welt (ed.), Thesenpapier der Tagung ‚Forschung in Kunst und Wissenschaft' (2011), auf: https://www.kuenste-bilden-umwelten.de/fileadmin/user_upload/documents/BNE/BNE_Seite/thesenpapier_kuenstlerische_forschung.pdf/ 12.8.2016 **9** Vgl. hierzu Hannes Rickli, Experimentieren, in: Jens Badura/Selma Dubach/Anke Haarmann et al. (eds.), Künstlerische Forschung. Ein Handbuch, Zürich: Diaphanes 2015, 135-138.

FINDEN I ERFINDEN

Hilde Léon

Das ‚Geheimnis' des kreativen Prozesses liegt in der Spanne von Finden und Erfinden.[1] Dieses ‚Geheimnis' zu verstehen, bewegt alle, die in dieser Materie arbeiten, als würde diese Erkenntnis den Schlüssel zum Machen und das Verständnis des Produktes beinhalten. Wie läuft das Zusammenwirken zwischen Gehirn, Händen und Dialog ab? Was ist der Motor, was der Karren, was das Transportgut? Denn entweder hat man das Ergebnis eben dieser kreativen Prozesse vor Augen oder das leere Blatt zu füllen. Was liegt an Vorgängen dazwischen und davor?

Diejenigen, die Ergebnisse interpretieren, sind in den seltensten Fällen auch diejenigen, die entwickeln. Ganz im Gegenteil, auch der Prozess des Analysierens ist kreativ, Zusammenhänge erkennen, weitere Kontexte erfassen und in einen allgemeineren Zusammenhang stellen. Das ist der architekturtheoretische Teil des Wirkungsfeldes in der Architektur. Ganz anders ist es, getrieben zu sein, zu entwerfen, also eine Vorstellung darüber zu entwickeln, was es eben noch nicht gibt. Beides ist anerkennenswert und kann gelingen oder auch nicht.

Dabei sind die entwerfenden Architekten selbst Grenzgänger unter den Kreativen, den Kulturschaffenden, den Künstlern, da neben der Kreativität ein großes Maß an analytischem Denken im Prozess des Entwerfens gefragt ist. Daher bildeten die Architekten die Berufsgruppe der Wahl, als es darum ging, Studienobjekte für die Untersuchung des Psychologen Donald MacKinnon auszuwählen, der in den späten 1950er Jahren erstmals Kreativität erforscht hat. In der Studie hieß es, Architekten bräuchten die Fähigkeiten eines Künstlers, Entwerfers und Ästheten mit einem Sinn für das Geschäftliche und das Konstruktive, um erfolgreich zu arbeiten. Es ging damals darum, Kreativität gezielt zu befeuern und zu fördern. Dafür sollten kreative Persönlichkeiten und ihre Gewohnheiten während des Schaffensprozesses unter die Lupe genommen werden.[2]

REFLEKTIEREN Als entwerfende Architekten können wir uns kaum selbst in unserem akuten Tun analysieren, insbesondere dann nicht, wenn man mitten im Prozess steckt. Allerdings können wir uns durchaus im eigenen Handeln reflektieren. Reflexion heißt Spiegelung, den Blick zurück auf sich selbst werfen. Am besten gelingt das im Wechselspiel von Schaffen und Schauen. Woraus werden die Ideen genährt, wie verläuft der Prozess? Das ist durchaus nicht einheitlich, sondern abhängig vom Temperament sowie von Begabung und Ausbildung bestimmt. Dennoch will es gerne reflektiert und erfasst werden – auch um dem Tun und Denken eine wissenschaftliche Legitimation zu geben. Im akademischen Umfeld ist es darüber hinaus nötig, in der Lehre handlungsfähig zu werden, den kreativen Prozess anzureißen, in Gang zu setzen und möglichst auch zu lenken. Deswegen sind wir zur Reflexion gezwungen. Vollends das kreative Schaffen aus dem unfassbaren Dunklen ins Licht der Klarheit und Rationalität herauszuheben, ist damit nicht gemeint. Man will auch nicht mit zu viel an Reflexion aus dem eigentlichen Prozess herausgeworfen werden. Das ist auch nicht primär die Arbeit des Entwerfenden. Das kann der Möglichkeitsraum der Architekturtheorie sein.

KREATIVITÄT Nochmals zurück zur oben genannten Studie, deren Anspruch lautete: Je mehr bekannt ist über die Bedingungen, die kreatives Arbeiten erfordert, desto besser kann es gelingen, diese Konditionen herzustellen. Dabei ging es zunächst viel um den Charakter der Person, die Eigenschaften, die jemand mitbringen muss oder erwerben kann, um kreativ zu sein. Diese Persönlichkeitsstudie am ‚Institute of Personality Assessment and Research' (IPAR) der Universität Berkeley in Kalifornien war die erste dieser Art. Zuvor galt Kreativität als eine Art nebulöse Gabe, die dem Unbewussten entsprang und manchen eben gegeben war, anderen wiederum nicht.

Die Erkenntnisse aus der Studie formten die Annahmen, auf denen heute unsere Vorstellungen von kreativen Menschen wie selbstverständlich gründen. Muster, die sich durch alle Arten von Kreativen, Berufen und Geschlechtern fanden, waren der Hang zur Unangepasstheit mit einem hohen Maß an persönlichem Ehrgeiz. Sie stellten außerdem fest, dass Kreative häufig eine Vorliebe für komplexe Zusammenhänge und Widersprüche hegten und dabei Doppeldeutiges der Ordnung, den einfachen Lösungen, vorzogen. Die kreativen Menschen waren in der Lage, unerwartete Verbindungen zu ziehen und ungewohnte, scheinbar unsichtbare Muster im Alltag zu erkennen. Das galt auch für jene Personen, die weder über besonders hohe Intelligenz noch über gute Noten verfügten. Kurz, die Untersuchung fand heraus, was wir heute vielleicht als selbstverständlich betrachten: Kreative sind in der Regel eher unangepasst, interessant, interessiert, unabhängig, mutig und selbstbezogen. In den 1950er und 60er Jahren, als die Studie publiziert und diskutiert wurde, galt die Vorstellung der ‚kreativen Persönlichkeit' als Neuheit. Trotz späterer Kritik konnte die Studie zumindest darlegen, dass es möglich ist, dem Phänomen Kreativität durch wissenschaftliche Untersuchungen näher zu kommen.[3]

SPIELEN Der entwerfende Architekt sollte dem spielerischen Moment eine ernsthafte Notwendigkeit beimessen. Jeder von uns ist auf die Erweiterung seines Möglichkeitsraumes angewiesen. Auch ein Freiraum des Nicht-Reflektierens ist damit verbunden. Man will sich in dem Moment gar nicht selbst auf die Spur kommen. Es kann gerne darauf verzichtet werden, solange die Ideen sprießen und die Ergebnisse stimmen, solange die Anerkennung von außen das eigene Tun bestätigt. ‚Selbstbetrug' und ‚Eigenüberlistung' sind Teil des Prozesses, um dem Zufall eine Chance zu geben. Teil des Prozesses ist es auch, das spielerische Moment auszukosten, auszunutzen und ernstzunehmen.[4]

Dennoch frage ich mich selbst häufig im Nachhinein wieder, wie denn nun der Prozess des Erschaffens, des Entwickelns war. Und ob sich eine Methode ablesen lässt, sich der Prozess als Methode wiederholen lässt. Zumindest in meiner konkreten Arbeit bin ich auf den Dialog im entwerfenden Team angewiesen. Es ist ein Ping-Pong-Spiel der Ideen. Gleichwohl nähren sich diese nicht aus der Luft heraus. Katalysatoren sind die realen Bedingungen, die versteckten Qualitäten, die Geschichte eines Ortes, das Lesen zwischen den Zeilen. Noch besser ist es, das scheinbar unüberwindliche Geflecht von Bedingungen aufzudröseln. Das lässt sich auch im Umgang mit den Studierenden nachweisen. Wenn von deren Seite kein Versuch gestartet wird, gibt es nur schwer eine Möglichkeit, den kreativen Prozess zu eröffnen.

Die Frage stellt sich natürlich nicht nur für Architekten im Prozess des Entwerfens, sondern für jede kreative Tätigkeit, sei es im Schreiben, sei es in der Bildenden Kunst oder im Schauspiel. Eigentlich gilt der Prozess der Kreation in allen Bereichen, in denen man nachdenken muss – auch in der Wissenschaft. Der Künstler steckt sich den Rahmen selbst, aus welchem Grund und aus welcher Antriebskraft auch immer. Doch Architektur ist im Gegensatz zu vielen anderen Künsten ein sehr relatives Geschäft. Die Bedingungen werden an die Architekturschaffenden herangetragen, sie sind als Notwendigkeit, wenn häufig auch nur scheinbar, schon da. Am spannendsten wird es da, wo der Rahmen kaum noch Raum lässt und die Bedingungen eng geknüpft sind. Da muss man eine eigene Sprengkraft entwickeln, um die Bedingungen auszuloten, um den Rahmen zu entgrenzen. Dann wird etwas hinzugefügt, was sich vorher noch keiner hat vorstellen können. Es geht dabei in den selteneren Fällen um die großen Rundumschläge, sondern um das Feine, Kleine, Unerwartete.

SUCHEN Wie dabei etwas Neues entsteht und auf wie viel Bekanntes sich das Neue stützen muss, das ist eine Frage, die man sich in jedem kreativen Schaffen bewusst stellt oder die man unbewusst miteinbezieht. Jedes Neue trägt ein zerstörerisches Moment in sich, eine Überformung dessen, was vorher gedacht und getan wurde. Der kreative Wandlungsprozess des Vorhandenen zum Neuen entwickelt sich vor dem Hintergrund von individuellen und – im Team auch kollektiv vereinbarten – Grundthemen. Diese Grundthemen des eigenen Schaffens kommen nicht aus dem Nichts, sondern es sind Themen, die aus dem kulturellen Umfeld entstehen, aus der Neugier genährt werden und auch dem Zeitgeist geschuldet sind. Zeitlos bauen ist nur im Anschein ein neutrales Ansinnen, auch das Zeitlose bleibt Ausdruck des Zeitgenössischen. Sich zwischen Bewährtem und Bekanntem auf der einen Seite und dem Unbekannten oder Ungewissen auf der anderen Seite zu orientieren, ist dem eigenen Temperament und Charakter des Biographischen geschuldet. Meine Prägung stammt eindeutig von der zeitgenössischen italienischen Architektur der 1970er Jahre, die in den morphologischen Strukturen des Ortes und im typologischen Wissen über Gebäude eine Grundlage sieht (Abb. 1-3).[5] Überlagert wurde meine Sicht dann auch durch die Zusammenarbeit mit und die unterschiedliche Herangehensweise von meinem Partner Konrad Wohlhage, der seine Erfahrungen in der Ausbildung an der TU Delft unter anderem bei Rem Koolhaas sammelte. Im Nachhinein betrachtet, ist das eigene Denken natürlich der Ausbildung, der Neugier, der zufälligen Fügung, den Themen der Zeit und dem jeweiligen Sparringspartner in der Zusammenarbeit geschuldet.

1-3 | Vahrenwalder Strip mit leonwohlhage Projekt LIST Studentisches Modell Hannover 2016

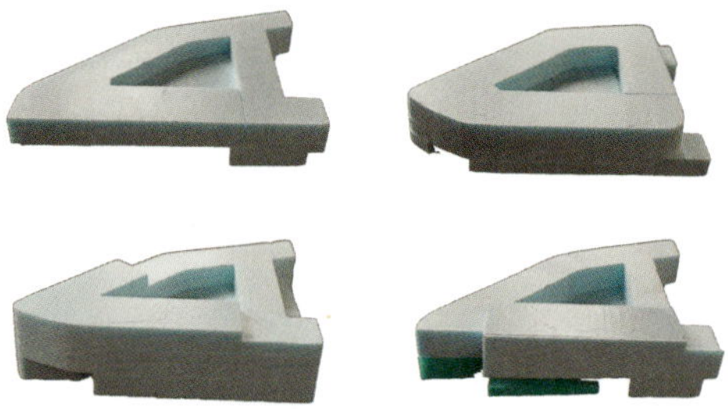

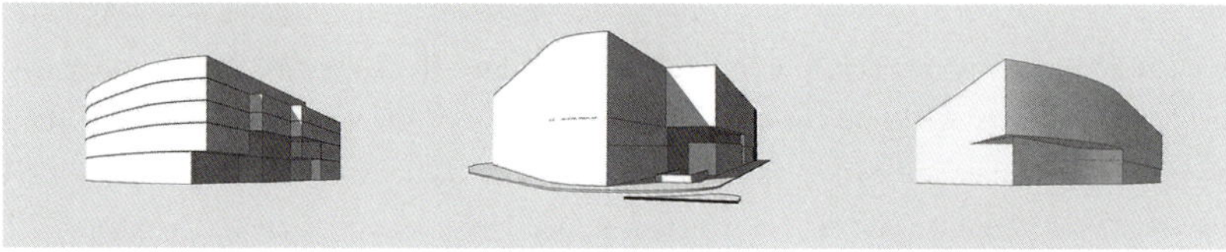

4-8 | léonwohlhage Projekt LIST Hannover Volumen- und Fassadenstudien und Entwurf Hannover 2016

Der eigene Wunsch nach Reduktion auf das Wesentliche und nach Anreicherung durch Variation und Interpretation stärkt das persönliche Anliegen der Gestaltung mit Rhythmus und Komposition im Gegensatz zu einer puren, rationalen Reihung (Abb. 4-8). Referenzen und ‚Helden' des eigenen architektonischen Schaffens waren dabei nicht wegzudenken. Besonders Wichtige wie O.M. Ungers, Aldo Rossi, Alfred Grazioli oder auch Hans Kollhoff bilden aber keine fixen Größen, sondern werden immer wieder ‚gekillt', weil man sich selber und die eigene Gestaltungsspanne weiterentwickelt. Dennoch bleiben auch sie im Unterholz der Vorstellungen weiterhin präsent, weniger aus einzelnen Aspekten heraus, sondern als Impulse und Wertsetzungen, die ins eigene Schaffen einfließen. Das hat etwas mit einer Grundhaltung zu tun; das prägt das eigene Selbstverständnis und die Architekturauffassung.

Doch immer wieder müssen neue Annahmen getroffen und unvertraute Vorstellungen entwickelt werden. Auch ein Richter oder ein Psychoanalytiker muss eine Vorstellung von dem gerade zu behandelnden Fall entwickeln.[6] Es ist eine Grundvoraussetzung, den Fall in seiner Spezifik verstanden und als Idee durchdrungen zu haben, um arbeitsfähig zu sein. Stellen Sie sich einen Arzt vor, dem der Patient dieses oder jenes Problem schildert. Wenn dieser Arzt keine Idee von dem Krankheitsbild hat, kann er nicht helfen. Er muss also einen gewissen Fundus haben und daraus eine These aufstellen. Diese lässt sich entweder verifizieren oder er muss zu einer neuen These kommen. Das entfaltet sich ähnlich wie das Gerüst für einen guten Deutschaufsatz. Ich darf erinnern: Es gibt ein Thema, dazu entwickelt man eine These, die möglichst mit einer wohlrecherchierten Stoffsammlung unterfüttert wird. Es werden Vergleiche gezogen, die Gegenthese öffnet den Blick für andere Richtungen, wobei die Erkenntnis möglicherweise zu einer neuen These führt. Das ist ein Suchprozess.

VERFÜHREN Nur diese trockene Struktur macht eben noch keinen guten Aufsatz aus. Was also fehlt für das überzeugende Werk, die gelungene Arbeit? Es muss ein unerwarteter Zauber in dem jeweiligen Werk liegen. Von diesem muss man erst einmal selbst überzeugt sein, um andere verführen zu können. Ja, es gibt den Moment der Verführung und dieser muss auch glaubhaft, in sich schlüssig vertreten sein.

Im Marionettentheater von Heinrich von Kleist werden ganz eigenwillig Dinge zusammengebracht und Gedanken entwickelt, deren Herleitung sich nicht unmittelbar erschließt. Hier geht es darum, genau zu beobachten, um dann Schlüsse ziehen zu können.[7] Das Stück zelebriert die Wechselbeziehung des Unbewussten und des Bewussten, um auf dem schmerzhaften Weg wieder auf eine anmutige Leichtigkeit zurückzukommen.

‚Werdet wie die Kinder' ist zwar eine Bibelweisheit, aber eben nicht einfach umzusetzen. Es bedarf eines radikalen Mutes, den stromlinienförmigen Pfad der Erwachsenen zu verlassen. Und dazu gehört auch eine Portion Größenwahn, Besessenheit und Leidenschaft.[8]

ZWEIFELN Es ist nur naheliegend, dass damit auch Zweifel verbunden sind. Der Duden definiert Zweifel als Bedenken und schwankende Ungewissheit.[9] Keiner agiert im gesellschaftsfreien Raum, und wir wissen auch nicht, wie sich die Rezeption eines Werkes im Verlauf der Geschichte verändert und sich vom Autor entfernt. Auch insofern gehen die Kreativen ein hohes Maß an Risiko und an Verantwortung ein. Die Welt lastet auf einem. Vor lauter Last darf aber nicht ein Hindernis entstehen, das in einer Weise wirkt, dass man gar nicht mehr zu denken und zu entwerfen anfangen mag. Dennoch sollten wir das Zweifeln als ein Korrektiv und als spannungsvolles Sich-selbst-Infragestellen zulassen. Eine gewisse Demut kann nicht schaden, um den ganz groben Irrtümern zu entgehen.

FINDEN Es bleibt schwer, an den Knoten heranzukommen. Es braucht ein kreatives Spannungsfeld, eine Reibung zwischen dem, was möglich, unmöglich und offensichtlich ist. Es sind rationale Überlegungen und die spielerischen Elemente, die zum Produkt führen. Eine Dynamik des Denkens ist damit verbunden. Bei aller Interpretation der Ausgangsbedingungen und des Kontextes entwickelt sich die Konzeptidee, die formlos, mit einem Willen zur Form besteht und zur Formidee führt. Erst muss sich diese im Wirklichkeitsraum durch alle Widrigkeiten des Bauprozesses hindurch bewähren. Baukultur entsteht im Zusammenspiel und innerhalb der Bedingungen aller Beteiligten – der Planer und Bauherren.[10] Ein Anteil an der Baukultur wird dadurch bestimmt, wie eine Idee umgesetzt wird und wie der Architekt die Bedingungen und Widrigkeiten in der Umsetzung integriert. Überhaupt ist es eine unerlässliche Fähigkeit, ein Konzept durch Problembewältigung von jeder Seite aus, beispielsweise aus technischen und/oder ökonomischen Gründen und insbesondere aufgrund von Bauherrenwünschen, zu stärken.[11]

Im Grunde ist es der autonome Anspruch auf Form, der hier mitschwingt als eine wesentliche Architekturqualität und ein die Baukultur bestimmender Faktor. Es ist die ästhetische Dimension von Baukultur, die mit dem Suchen, Finden und Erfinden verbunden ist und die zu erreichen von forschenden Prozessen begleitet wird, bezogen auf ein jeweils spezifisches Projekt und als grundlagenstärkende Praktik.

Inzwischen werden die Grenzen von Forschung und Kunst immer mehr überwunden und die Kreativität eines Forschers steht gleichrangig neben der analytischen Fähigkeit eines Künstlers. Dabei ist die Sichtweise beider gefragt im Kontext des komplexen Denkens und im Überwinden bekannter Denkfiguren. In dem Begriff ‚Serendipity' erfährt ‚das unerwartete Finden von etwas ursprünglich nicht Gesuchtem, das sich als neue, überraschende und fruchtbare Entdeckung zeigt', eine wissenschaftliche und eine künstlerische Wertschätzung.[12] So finden wir in einer der letzten Ausstellungen der Kunsthalle Bielefeld sowohl den Künstler als auch den Forscher auf einer Ebene vertreten. Es ist möglich und doch außerordentlich, den originalen Zettelkasten Niklas Luhmanns gemeinsam mit dem zeichnerischen Werk Ulrich Rückriems und den Arbeiten von Jörg Sasse zu zeigen. „Konzeption, Kontinuität und stetige Serendipity mögen also als drei Pfeiler benannt sein, welche die monumentalen Werke von Luhmann, Rückriem und Sasse hervorgebracht haben. Bei allen drei so unterschiedlichen Gedankengebäuden geht die physische Dimension vom Autor aus, die potentiell geistige Monumentalität dagegen wächst weit darüber hinaus."[13]

ANMERKUNGEN **1** Vgl. Peter Härtling, 1. Vorlesung. Die Spanne zwischen Finden und Erfinden, in: id., Erzählungen, Aufsätze, Vorlesungen, Köln: Kiepenheuer & Witsch 2000, 478-569 **2** Vgl. Pierluigi Serraino, The creative architect. Inside the great midcentury personality study, New York: Monacelli Press 2016 **3** ibid. **4** Konrad Wohlhage, Ich war der Goldschmied meiner Ketten, in: Baumeister 1 (2000), 18-21 **5** Aldo Rossi, Considerazioni sulla morfologia urbana e la tipologia edilizia, in: Istituto Universitario di Architettura di Venezia (ed.), Aspetti e problemi della tipologia edilizia, Venezia: Editrice Cluva 1964, 15-32; Aldo Rossi, Tipologia, manualistica e architettura, in: Istituto Universitario di Architettura di Venezia (ed.), Rapporti tra la morfologia urbana e la tipologia edilizia, Venezia: Cluva 1966, 67-82 **6** Vgl. Herbert Simon, Die Wissenschaften vom Künstlichen (engl. 1969), Berlin: Kammerer & Unverzagt 1990, 95 **7** Heinrich von Kleist, Über das Marionettentheater, in: http://gutenberg.spiegel.de/buch/-593/1/ 18.7.2016 **8** Vgl. Klaus Behnke, Vom Pathologischen zum Kreativen oder: Die Utopie des kontrollierten Größenwahns, in: Hilde Léon/Marc-Philip Reichwald/Peter Karsten Schultz, Der kontrollierte Größenwahn. Über die Ambivalenz beim Entwerfen, Ostfildern: Hatje Cantz 2011, 72-75 **9** www.duden.de/rechtschreibung/Zweifel/ 18.7.2016 **10** Manfred Sack, Von der Utopie, dem guten Geschmack und der Kultur des Bauherrn oder: Wie entsteht gute Architektur?, Bremen: BDA 1995 **11** Bundesstiftung Baukuktur (ed.), Baukultur ist..., Potsdam: Eigenverlag 2014 **12** Friedrich Meschede (ed.), Serendipity. Vom Glück des Findens. Niklas Luhmann, Ulrich Rückriem, Jörg Sasse, Ausstellungskatalog der Kunsthalle Bielefeld, Köln: Snoek 2015 **13** Friedrich Meschede, Vom Glück des Findens, in: ibid., 60-67, 67

ENTHÜLLEN UND VERDICHTEN DES ORTSGEDÄCHTNISSES

Christiane Sörensen

Das Lehr- und Forschungsgebiet ‚Topografisches Denken und Entwerfen', das ich als Landschaftsarchitektin gegründet habe, versteht sich als eine Plattform, die gemeinsam mit anderen Disziplinen unterschiedliche, insbesondere auch künstlerische Praktiken als Formen der Inspiration sowie der erweiterten Wissensgewinnung in das Forschungsverständnis und in die entwurfliche Praxis einbeziehen möchte. Diese Form des ‚Reflexiven Entwerfens' soll anhand einiger Beispiele veranschaulicht werden.

In Meyers Grossem Konversations-Lexikon von 1909 findet man unter Topografie nachfolgende Beschreibung: „(griech.) Ortsgedächtniskunst; Ortsbeschreibung mit möglichst genauem Eingehen auf alle Einzelheiten, die das Gelände bietet, seien sie von der Natur oder von der Kunst geschaffen."[1] Ortsgedächtnis – das besagt, dass einer Topografie ein kultureller Akt, eine Einprägung, als kollektive Aufladung zugrunde liegt. Diese Aufladungen können sowohl zeitlich als auch räumlich begrenzt sein und machen aus dem Gelände eine Topografie. Der Boden, das Terrain, bildet die Basisressource der Landschaftsarchitektur. In ihm ist Zeit eingeschrieben. Ein Bodenprofil mit all seinen Ablagerungen repräsentiert gestapelte Zeit (Abb. 1). In der Bodenkunde spricht man auch von Bodengenese.

Eben die Entschlüsselung und Reproduktion topografischer Bedingungen sind Kern des ‚Topografischen Denkens und Entwerfens' und prägen die Praxis. In der Regel begegnet man komplexen Ordnungssystemen, die es zu verstehen und innerhalb des Entwurfsprozesses neu zu deuten gilt. Hierbei können Praktiken der Erkenntnisgewinnung aus anderen Disziplinen als Inspirationsquelle dienen.

MEASUREMENTS OF TIME (SEEING IS BELIEVING)

1 | Richard Serra Gestapelte Zeit: Measurements of Time (Seeing is Believing) 1996

DIE VERMESSUNG DER WELT Die Geometrie als ‚Kunst der Landvermessung' hat ihre Wiege im alten Ägypten. Der Nil lagerte mit regelmäßigen Überschwemmungen bis zu sechs Meter fruchtbaren Boden ab. Das Land musste danach neu vermessen, die Felder mussten neu aufgeteilt werden. So entstand die Geometrie als eine Lehre über die

Eigenschaften und Beziehungen innerhalb einer räumlichen Ordnung. Die ursprüngliche Geometrie Ägyptens spiegelt eine Weltsicht wider, nach der jeder Gegenstand und jedes Wesen einen ihm zugewiesenen unveränderlichen Platz hat. Diese geometrische Ordnung sicherte Stabilität und Beständigkeit.[2]

In der Antike löste sich die Geometrie von ihrer rein materiellen Anwendung und wurde zu einer abstrakten Denkform als Teilgebiet der Mathematik und zum Grundmodell für wissenschaftliche Forschungsmethoden. Deren praktische Übertragung als Ordnungsprinzip lässt sich am Beispiel des Botanischen Gartens in Padua eindrücklich nachvollziehen.

Ab Mitte des 16. Jahrhunderts entstand in Padua der erste Botanische Garten. Der Garten vermittelt uns ein Bild von dem Beginn der modernen Botanik und dem Versuch einer pflanzengeografischen Bestimmung. Entworfen als ein didaktisches Konzept für Professoren und Studenten an der medizinischen Fakultät, sollte er eine mnemotechnische Funktion erfüllen. Herausforderung für die Anlage dieses Gartens war das fundamentale Problem der Systematisierung der Pflanzenwelt gemäß den um 1545 bestehenden Möglichkeiten der allgemeinen Welterkenntnis.

Daniele Barbaro erhielt den Auftrag, diesen wissenschaftlichen Lehrgarten zu entwerfen: „[...] ein Medizinalgarten, wohin mit Hilfe der Schifffahrt [...] von überallher aus den Städten [...], und besonders aus Kreta und Zypern, woher die Römer ihre Spezereien bezogen, aber auch aus anderen Weltgegenden, alle Arten von Gewächsen, Bäumen und medizinischen Früchten [...] herangeschafft werden sollen".[3] Mit Mitteln einer geometrischen Ordnung wurde das mittelalterliche Bild der Welt vorgestellt: kreisrund, von Wasser umgeben, an den vier Himmelsrichtungen orientiert, der Eingang im Westen und im Inneren durch zwei Hauptachsen, Nord/Süd und Ost/West, unterteilt. Auf diese Weise bildet der Garten das Abbild der mittelalterlichen Welt mit den vier Quadranten: Europa, Lybia, Asia und Scythia.[4]

Desweiteren wurde ein System der Zuordnung der Pflanzen zu den Teilen der Welt aufgebaut: Jedes Heilkraut findet seine Entsprechung in einer Vielzahl von möglichen Kombinationen und graduellen Differenzierungen, wie feucht-kalt, kalt-trocken usw. Afrika beispielsweise steht zwischen den Qualitäten feucht und warm, Südafrika hingegen ist sehr warm und nur wenig feucht. So lassen sich alle Orte nach dem System der vier Hauptqualitäten heiß und kalt, feucht und trocken gliedern. Als weitere Schicht wurde das System von Sympathien der Pflanzen zu den Planeten und Tierkreiszeichen aufgelegt. Nach diesem Schema hat jede Pflanze ihren genauen Ort, entsprechend dem

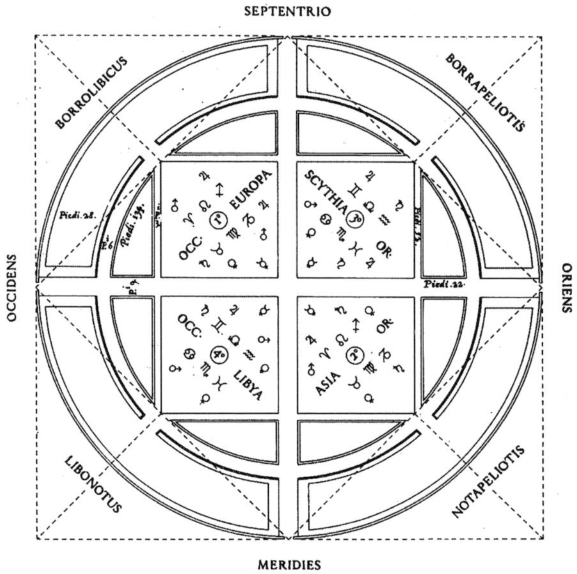

2 | Daniele Barbaro Astrologische Geografie des Orto Botanico und geometrische Flächenverdoppelung 1552

astrologischen Einfluss, unter dem sie steht bzw. vermutet wird (Abb. 2). Botanik, Medizin, Geologie und Astrologie bilden so gemeinsam eine komplexe Ordnung.

Die Didaktik des Gartens und die astrologische Geografie der Anlage machten 576 Kombinationen möglich. 1552 wurde die Anlage durch die Verdoppelung der inneren Kreisfläche nach den geometrischen Grundsätzen des Euklid erweitert und so konnte die Anzahl der Spezies verdoppelt werden. Der Pflanzenkatalog aus dem Jahre 1591 verzeichnet 1168 Namen.[5] Noch heute zeugen Artbezeichnungen wie Thuja occidentalis und Thuja orientalis von den pflanzengeografischen Unterscheidungen. Betrachtet man die Lithografie des Orto Botanico, so gleicht es einem antiken Theater: „Und in diesem kleinen Theater, gleichsam in einer kleinen Welt, wird man alle Wunderdinge der Natur zur Schau stellen".[6]

Bei diesem Modell wurde auf der Grundlage einer narrativen Topografie (die mittelalterliche Weltkarte) ein System zur botanischen Klassifikation seiner Zeit – zur Unterscheidung der natürlichen Vielfalt und ihrer Einflussmöglichkeiten auf den Menschen – entwickelt. Es interpretiert die Welt als Verbindung von Makro- und Mikrokosmos. Der Garten diente der praktischen Anwendung. Die Form, das Muster der Anlage, aber verselbständigte sich vom Inhalt und wurde zu einem eigenständigen Ornament, welches später im Barock in repräsentativen Parterres vielfältig reproduziert und variiert wurde. Der Entwurf des Parterres für den ‚Großen Garten' in Hannover von 1674 bestätigt eine solche Übertragung.

Die Frage der Verortung und die des Standorts sind wesentlicher Teil der Praxis eines Landschaftsarchitekten. Die technischen Möglichkeiten zur Vermessung des Landes bestimmen die Konsequenzen für die Ausformulierung des Ortes.

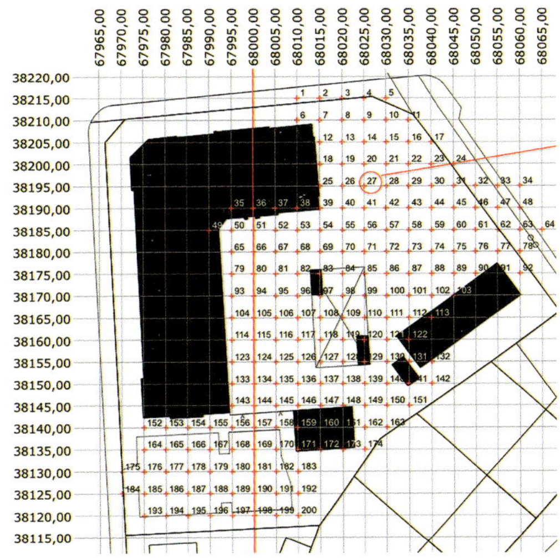

3 | HCU Hamburg Vermessung und Markierung des Campusgeländes mit Hilfe von GPS Hamburg 2009

WO BIN ICH AUF DER WELT? – INTERVENTION AUF DEM EHEMALIGEN HCU-CAMPUS AVERHOFFSTRASSE Im Rahmen eines interdisziplinären Entwurfsprojekts mit anschließendem Wettbewerb an der HafenCity Universität Hamburg zur Identifizierung der seinerzeit über die Stadt verteilten Standorte der Universität haben wir uns zeitgenössischer Mittel der Vermessung bedient. Der grundlegenden Frage ‚Wo befinde ich mich im Raum?' sind wir auf ganz praktische Art und Weise nachgegangen.

Noch bis zum Ende des 20. Jahrhunderts galt die astronomische Orts- und Zeitbestimmung anhand der Sterne als die gültige Grundlage der lokalen geodätischen Koordinatensysteme für die Erstellung von Landkarten. Die traditionellen lokalen Koordinatensysteme stellten die erdverbundene Position des jeweiligen Standpunktes in Relation zu den Bezugsgrößen der Umgebung, wie Bodenbeschaffenheit, Erdkrümmung und Sternensystem als astronomische Ortsbestimmung. Auch Landmarken und andere Auffälligkeiten im Gelände dienten der Orientierung.[7] Mittlerweile hat die Frage nach der praktischen Orientierung im Raum einen epochalen Perspektivwechsel erfahren: Das GPS-System greift aus entgegengesetzter Richtung – aus der Himmelsperspektive – auf die Erde. Es funktioniert auch maßstabslos und entmündigt uns von jeglicher Notwendigkeit eines Ortsgedächtnisses. Die Frage ‚Wo bin ich auf der Welt' wird relativiert, quasi uniform.

Das World Geodetic System (WGS 84) gilt seit 1984 als einheitliche Grundlage für Positionsangaben auf der Erde. Mit Hilfe von Satellitensystemen (GPS) ist es möglich geworden, alle lokalen Differenzen auszugleichen und eine global gültige Verortung zu schaffen. Mit diesem geodätischen Werkzeug wurde nun das unförmige, vernachlässigte Campusgelände vermessen und markiert (Abb. 3). Ein Gitterkreuz aus fünf mal fünf Meter voneinander entfernten

4 | HCU Hamburg Nördliche Länge und östliche Breite – die Markierung bezeichnet die globale Position des Punktes als geografische Koordinate Hamburg 2009

Abbildungskoordinaten wurde mit Hilfe von GPS festgelegt und bestimmte die Orientierung im Raum. Die mit gelber Farbe aufgebrachte Beschriftung bezeichnet die globale Position des Punktes als geographische Koordinate im WGS 84 nach nördlicher Breite und östlicher Länge (Abb. 4).[8] Diese Markierungen zeigten sich wie ein Ornament auf dem Asphalt und manifestierten das Gelände als Campus (Abb. 5). Der Ortsbestimmung im Sinne der Vermessung und Markierung des Raumes folgte eine nachhaltige Maßnahme. Die Studierenden erkannten, dass das Grundstück vormals als Blockrand bebaut war und wir entschieden uns, mit einer dichten Baumpflanzung den Blockrand zu schließen (220 Silberpappeln) und so den Ort als Campus zu definieren (Abb. 6). Den Asphalt aufzubrechen und den Boden freizulegen, war ein großes Ereignis und allein der Geruch der Erde schuf ein neues Bewusstsein für den zuvor sehr vernachlässigten Ort.

Die Grundbedeutung des Begriffs ‚Ort', nämlich ‚Spitze', wie Martin Heidegger es formuliert, kam so zum Tragen: „In ihr [der Spitze] läuft alles zusammen. Der Ort versammelt zu sich [...]. Das Versammelnde durchdringt und durchwest alles. Der Ort, das Versammelnde, holt zu sich ein, verwahrt das Eingeholte, aber nicht wie eine abschließende Kapsel, sondern so, dass das Versammelte durchscheint und durchleuchtet und dadurch erst in sein Wesen entlässt."[9]

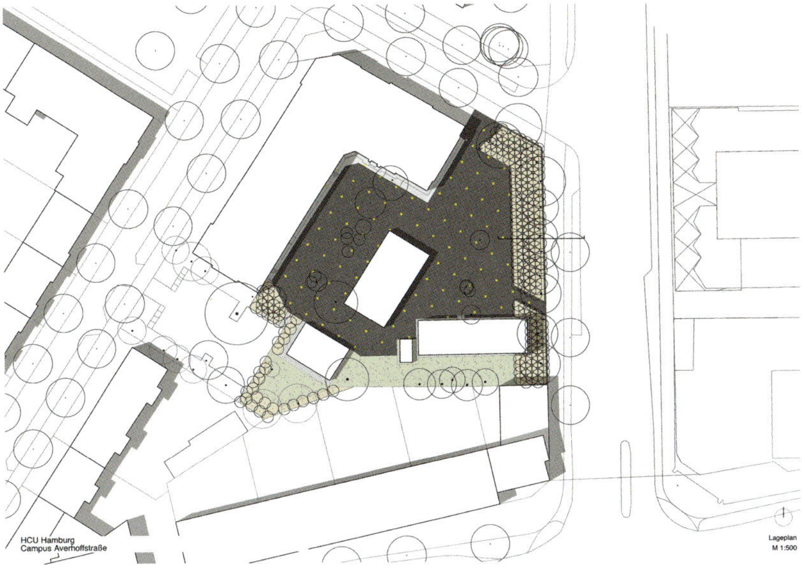

5 | HCU Hamburg Lageplan des Campus mit gelb markierten geografischen Koordinaten Hamburg 2009

6 | HCU Hamburg Silberpappeln zeichnen die einstige Blockrandbebauung nach Hamburg 2009

7 | Paul Cézanne Mont St. Victoire

NÄHE UND DISTANZ, FÜLLE UND LEERE Der Horizont als visuelles Phänomen, die Berührungslinie zwischen Himmel und Erde, ist die konstituierende Bezugslinie für die Wahrnehmung der Landschaft.

Der ewige Wunsch des Menschen besteht darin, das Territorium zu verstehen und sich dem Unsichtbaren (dem Ende der Welt) anzunähern. Der Horizont als Grenzphänomen des Territoriums reguliert die Anwesenheit und Abwesenheit – Sichtbarkeit und Unsichtbarkeit – durch welche die Zeichen des von ihm umschlossenen Wahrnehmungsfeldes eine Spannung, eine Deutung erhalten. In diesem Sinne postuliert John Wylie in seinem Buch ‚Landscape (Key Ideas in Geography)': „Landscape is tension."[10] Und im ‚English Dictionary' findet er die Definition: „[...] landscape [...]: 'that portion of land or scenery which the eye can view at once'."[11]

Die Gegend um das St. Victoire, ein Bergmassiv in der Provence, nahe der Universitätsstadt Aix-en-Provence, ist solch eine ‚Portion Landschaft'. Sie erhielt den UNESCO-Status einer ‚assoziativen Kulturlandschaft'. Die Begründung für diese Privilegierung liegt in Folgendem: Der Maler Paul Cézanne (1839-1906) porträtierte diesen Berg in seiner späten Schaffensperiode mehr als 60 Mal. Über diesen intensiven Schaffensprozess konstituierte er eine bildnerische Tatsache, die in vielfältiger Weise von der Nachwelt reflektiert und kulturwissenschaftlich beleuchtet wurde (Abb. 7).[12]

Eine genaue Naturbeobachtung war Voraussetzung für Cézannes Malerei: „Um eine Landschaft richtig zu malen, muss ich auch zuerst die geologische Schichtung erkennen."[13]

Er begann, Bäume und Felder im Vordergrund und den Berg am Horizont zunächst auf eine eher realistische Weise abzubilden. Diese sich wiederholende Tätigkeit des Malens steht stellvertretend für die sinnliche Durchdringung des Betrachtungsgegenstandes. Mehr und mehr gelingt es ihm, die unsichtbaren Aspekte der Wahrnehmung, die Komplexität der Stimmungswelt des Bergmassivs wiederzugegeben.[14] Cézanne beschreibt seine Arbeitsmethode, seinen Weg hindurch folgendermaßen: „Die Landschaft spiegelt sich, vermenschlicht sich, denkt sich in mir. [...] Um das zu malen, muss dann das Handwerk einsetzen, aber ein demütiges Handwerk, das [...] bereit ist, unbewusst zu übertragen."[15]

Hier treffen wir auf einen zielgerichteten künstlerischen Schaffensprozess als Methode der Erkenntnisgewinnung. Cézanne suchte nach einer Formel für die Landschaft, nach ihrem universell gültigen Wert. Im Laufe dieser Vertiefung des Motivs wurde die Darstellung des Bergs reduziert auf ein Dreieck. Der Berg erscheint – ein markantes Dreieck vor dem Horizont – in seiner abstrakten Form als visuelles Ereignis, und wir nehmen Teil an der ästhetischen Erfahrung des Malers. Der Topos des Berges löste sich vom Ort, aus dem St. Victoire wurde eine ästhetische Konstruktion. Und in der verehrenden Sicht Picassos auf Cézanne wurde er mit diesem Schritt zum Vater der abstrakten Malerei, wie es Peter Handke in seiner Erzählung ‚Die Lehre der Sainte-Victoire' über die Beziehung der beiden Maler herausstellt.[16]

SUCHE NACH DEM ‚GENETIC CODE' – INNENSTADTKONZEPT HAMBURG Um das Durchdringen des Betrachtungsgegenstands Schicht um Schicht, in der Suche nach einer Bezugsgröße für den Entwurf, ging es auch bei der Erarbeitung eines neuen Innenstadtkonzepts für Hamburg. Ausgangspunkt für das neue Konzept war die Tatsache, dass die Innenstadt durch die Hafencity quasi eine Verdoppelung erfährt und die Stadtwahrnehmung sich grundlegend verändert.

Noch heute ist die kreisförmige Figur des Wallrings als deutliche Zäsur im Stadtbild ablesbar und wirkt identitätsprägend für das Gesamtbild der historischen Innenstadt. Der Entwurf (1839) für den Wall als öffentlicher Raum stammt von dem Bremer Kunstgärtner I. A. Altmann. Er entwarf einen halbkreisförmigen Landschaftspark vom Stintfang bis Deichtor und eine durchgehende, baumbestandene Promenade auf dem inneren Straßenring (Esplanade). Auftrag war es, den ersten grünen Ring, der den Wallring nachzeichnet, im Zuge der Hafencityentwicklung zu vervollständigen. Dieser ist so bisher nicht als

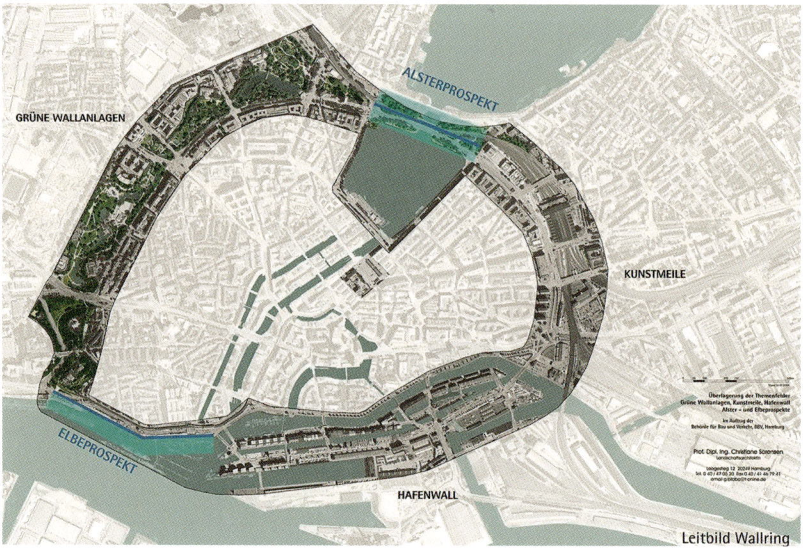

8 | Christiane Sörensen Alster- und Elbeprospekt entlang des Wallrings Hamburg 2004

zusammenhängende, ringförmige Figur ablesbar. Die Segmente Kunstmeile und Hafenwall weisen einen deutlichen Mangel an öffentlichen Freiflächen auf (Abb. 8). Über eine Vielzahl von Planlayern haben wir die verschiedenen Themen dieser Figur analysiert und dargestellt, um ihrem eigentlichen Charakter näherzukommen. Der Wallring nimmt heute vielfältige Funktionen des öffentlichen Lebens in sich auf. Kultur, Wissenschaft und Gesellschaft kommen hier zusammen und erfahren ihre Entfaltung in zahlreichen Museen und Instituten, Theatern und Monumenten. In dieser Heterogenität etablierte sich der Wallring seit Beginn des 20. Jahrhunderts als Bildungslandschaft.[17]

Vor diesem Hintergrund entstand die Idee, den Wallring als ein geschlossenes System zu definieren und zum Kunst- und Kulturring zu erklären, um somit seiner Aufladung und besonderen Rolle für die Öffentlichkeit gerecht zu werden (Abb. 9). Im weiteren Arbeitsprozess wurden die Scharniere Alster- und Elbeprospekt als wesentlich für die Stadtwahrnehmung erkannt und als eigenständige Gestaltungsthemen hervorgehoben.

Traditionell lag Hamburg an der Alster und von hier ausgehend bildeten sich die prägenden Stadtansichten (Rathaus etc.) aus. Mit der neuen Stadtansicht der Hafencity entsteht eine gravierende Richtungsänderung: Das ehemals exterritoriale Hafengebiet im Elbstrom erfährt eine Zivilisierung und wird zur Mitte der Stadt. Dadurch wurde der Fokus der Betrachtung auf die Wasserplätze als die essenziellen Orte der Stadtwahrnehmung gelenkt. In einer vergleichenden Vermessung des Raumes – die Binnenalster galt als Bezugsgröße – trat ein Triangel von Wasserplätzen als ideelle Vernetzungsstruktur hervor, mit Rückwirkung auf den vernachlässigten Wasserbezug im Inneren der historischen Stadt (Abb. 10). Diese Figur, als abstraktes Bild der Wasserstadt, wurde zusammen mit dem Wallring, als kulturell aufgeladene Topografie, zum Ausgangspunkt des Entwurfs.

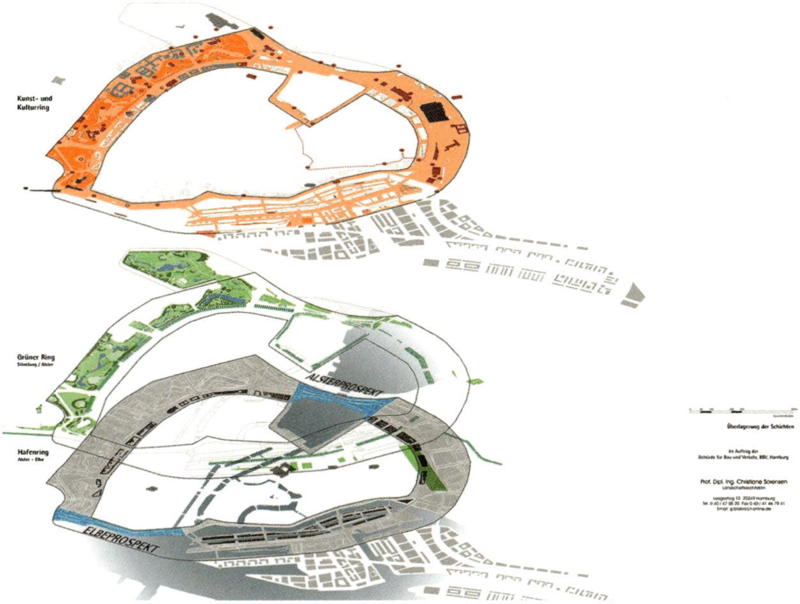

9 | Christiane Sörensen Drei verschiedene Layer: Kunst- und Kulturring, Grüner Ring und Hafenring Hamburg 2004

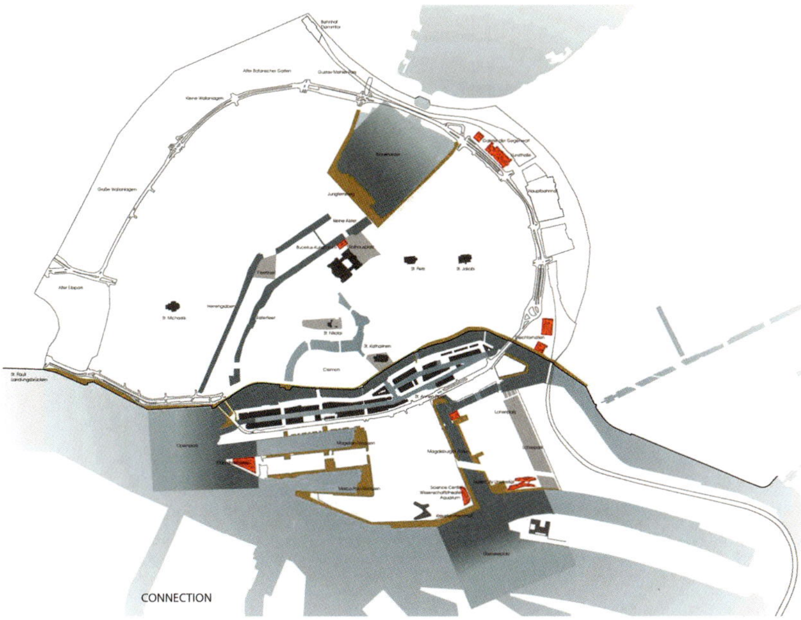

10 | Christiane Sörensen Triangel aus drei Wasserplätzen als ideelle Vernetzungsstruktur der Innenstadt Hamburg 2004

DIE VERMESSUNG DER ZEIT Wenn wir mit bzw. in der Natur entwerfen, sind wir konfrontiert mit den Eigenlogiken der Natur bzw. mit der sich in ihr entfaltenden Dynamik. Gleichzeitig ist das Abhängigkeitsverhältnis zwischen Mensch und Natur weit fortgeschritten und es wird die Frage nach dem Naturbegriff im Anthropozän problematisiert. Naturbilder von heute sind oft Folgen medialer Produktionen ohne authentische physische Hinterlegungen.

'Filmlandschaften' war ein Kurs, in dem verschiedene Klischees als prägende Topografien, wie Berg, Dschungel (Wildnis), Wüste oder Stadtlandschaft, in ihren Auftritten im Film erforscht wurden. In diesem Zusammenhang entdeckte ich James Benning, einen amerikanischen Regisseur, der sich in besonderer Art und Weise dem Naturbegriff in einer technologisierten Gesellschaft widmet. Ich lud ihn ein, eine internationale Konferenz von Landschaftsarchitekten mit einem seiner Filme zu eröffnen. Er wählte den Film 'Nightfall' (2012) aus, wie er mir schrieb: „It is my very provocative work." In seiner radikalen Konsequenz zeigt der Film nur eine einzige Einstellung, ein einziges Motiv: „In one take only, it shows a wood as day becomes night."[18]

Der Betrachter ist gefordert, diesem Prozess bis zur totalen Verdunkelung über 97 Minuten zu folgen. So wie in der Natur selbst wird auch der Film zu einer radikalen Zeiterfahrung. Benning verändert nichts an der Einstellung, er lässt allein die Zeit sprechen, der Ton schafft geringfügig Sicherheit über das Geschehen im Bild. Der Zuschauer bewegt sich zwischen den Polen der meditativen Ruhe und einer seltsamen Unruhe, die aus der Intensität des Sehens resultiert. Während des Screenings erleben wir uns im Aufgeben einer gestressten Sinnsuche. Es passiert gar nichts und gleichzeitig vieles: Das Verhältnis von hell und dunkel verändert sich ständig. Erinnerungen von Moment zu Moment werden freigelegt. Gefordert wird die Hingabe an diesen Prozess der geführten Wahrnehmung. James Benning gibt als Begründung für sein methodisches Schaffen seine Fokussierung auf das Geschehen von Zeitabläufen, auf das 'NU' – die Auflösung des Augenblickes in der Zeitachse – an. „Die Zeit verging wie im NU – im Nichts."[19] Er vergleicht in seinem Vortrag die 'zählbare' Zahlenreihe mit der natürlichen Zahlenreihe, zu der die Null zählt – im Sinne einer Zeitachse des Augenblicks, dem NU. Mit der Hinzufügung der negativen Zahlen hat die Null die integrative Rolle, zwischen Vergangenem und Zukünftigem zu vermitteln.

„All of life is memory" muss bei Benning daher als ein versachlichter Vorgang von Zeiterfahrung verstanden werden. Und, wie Hanns Zischler in seiner Rezension zu Bennings Film 'RR – Railroad' (2007) schreibt, „[...] diese prüfende, kritische Geduld bewirkt, dass die sorgfältig verknüpften topografischen Standpunkte am Ende jenseits entlegener Landstriche

11 | Petersplatz Stich von Matthäus Merian Basel 1654

noch etwas ganz anderes, Transzendentales durchscheinen lassen: eine Erkenntnis, eine Summe, ein Urteil. [...] die Aufmerksamkeit für das Sehen und das Hören wächst mit jeder Einstellung."[20] Durch die Konzentration auf die Sinne entsteht eine Art Entschleunigung, eine intensivierte Wahrnehmung des Moments.

ORTE DES INNEHALTENS – UMGESTALTUNG DAG-HAMMARSKJÖLD-PLATZ IN HAMBURG Nach dem Vorbild des Petersplatzes in Basel, seit der Renaissance ein dichter Wald inmitten der Stadt, widmeten wir uns einem Wettbewerb, der die Erweiterung von Planten un Blomen sowie die Umgestaltung des Dag-Hammarskjöld-Platzes am Bahnhof Dammtor in Hamburg zur Aufgabe hatte (Abb. 11). In diesem Wettbewerb galt es, eine Straße aufzuheben und verschiedene Resträume der Stadt am Rande der beliebten und sehr belebten Parkanlage Planten un Blomen zu gestalten. Wunsch war es, eine großzügige städtische Figur zu entwickeln, die einer Torfunktion (Dammtor) gleich alle Richtungen und Infrastrukturen miteinander vernetzt und belebt. Wir befreiten den Raum von allen Einbauten, korrigierten kleine Höhenunterschiede und schufen einen Stadtwald, der sich nach und nach lichten darf und der sowohl als Innenraum und als auch als Ausblick auf das städtische Geschehen fungiert. Inmitten der Stadt und am Rande des großen Bahnhofs sollte ein Ort des Innehaltens geschaffen werden, der Zeiterfahrung möglich macht sowie die Aufmerksamkeit für das Sehen und Hören in einer städtischen Natur als Erlebnisqualität in den Vordergrund stellt.

12 | Orto Botanico Padua 1545 La Montagne St. Victoire 1904 Nightfall 2011

RESÜMEE In den hier vorgestellten Praktiken geht es allen gemeinsam um das Dechiffrieren der Natur im Vertrauen auf den Eigensinn der Existenz einer hochkomplexen Ordnung (Abb. 12-13). Und genau um diese Entschlüsselung und Verdichtung des Vorhandenen und Verborgenen geht es in der Praxis des ‚Topografischen Denkens und Entwerfens': um das Entziffern eines Geländes in seinen Einzelheiten und deren Bedeutungszusammenhängen. Es geht um einen Perspektivwechsel im Verständnis des Raumes – darin begründet liegt das experimentelle Forschen; um das Erforschen des Zwischenraumes oder negativen Raumes zwischen dem Gebauten, der traditionell als leer, auch bedeutungsleer angesehen wird; um die Bereitschaft sich mit der Umgebung in der Wahrnehmung zu verbinden.[21]

Die individuellen Methoden der im Text angeführten künstlerischen Praktiken intensivieren diesen Prozess der Wahrnehmung, das in den Raum Hinein- und Durchblicken und, im Sinne des ‚Topografischen Denkens und Entwerfens', auch das Erforschen der topografischen Schichtungen in ihren jeweiligen zeitlichen bzw. räumlichen Bedingtheiten. Im Entwurfsprozess können diese Erkenntnisse zur Hervorbringung vernachlässigter Strukturen oder zu Umwidmungen führen, Räumen und Verbinden. Es kann an die spezifischen Gegebenheiten eines Ortes angeschlossen und damit ein Bedeutungswechsel, eine Transformation des Geländes in der kollektiven Wahrnehmung eingeleitet werden.

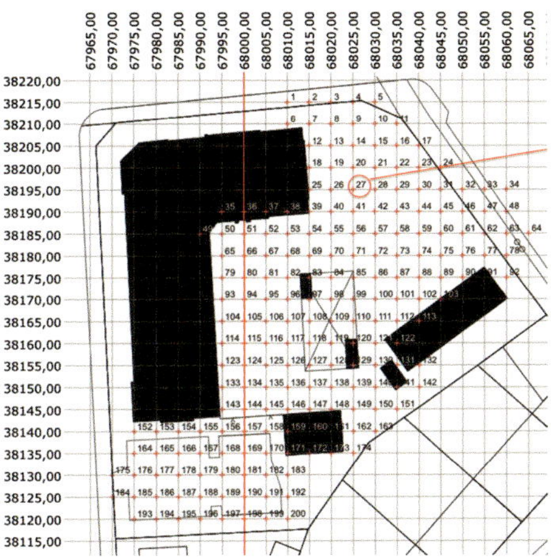

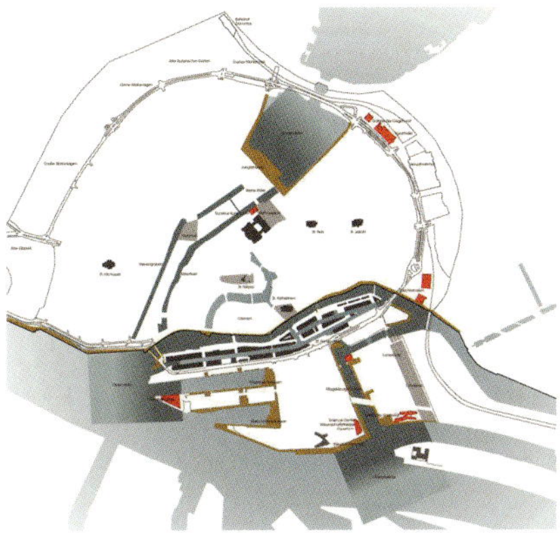

13 | Campus Averhoffstraße 2009 Innenstadtkonzept Hamburg 2004 Wettbewerb Dag-Hammarskjöld-Platz 2015

ANMERKUNGEN **1** Hermann Julius Meyer (ed.), Meyers Großes Konversations-Lexikon. Ein Nachschlagewerk des allgemeinen Wissens, Bd. 21, Leipzig: Bibliographisches Institut 1909 **2** Vgl. Geoffrey und Susan Jellicoe, Die Geschichte der Landschaft, Frankfurt/New York: Campus Verlag 1994 **3** Margherita Azzi Visentini zit. bei: Peter Schiller, Der Botanische Garten in Padua. Astrologische Geographie und Heilkräuterkunde zu Beginn der modernen Botanik (L'Orto Botanico di Padova: geografia astrologica e scienza dei semplici alle origini della botanica moderna), Centro Tedesco di Studi Veneziani, Quaderni 37, Venedig: Centro Tedesco di Studi Veneziani 1987, 9 **4** Vgl. hierzu und zum Folgenden: ibid. **5** Girolamo Porro, L'Horto dei Semplici di Padova, Venedig 1591, zitiert bei Schiller, op.cit. (Anm.3), 27 **6** Zitiert bei Schiller, op.cit. (Anm.3), 18 **7** Vgl. Manfred Bauer, Vermessung und Ortung mit Satelliten, Heidelberg: Wichmann Verlag 1997 **8** 108 Markierungen, gelbe Sprühfarbe auf Asphalt, RAL 1023. **9** Friedrich-Wilhelm von Herrmann (ed.), Martin Heidegger. Gesamtausgabe, 1. Abt. Veröffentlichte Schriften 1910-1976, Bd. 12, Unterwegs zur Sprache. Die Sprache im Gedicht, Frankfurt/Main: Klostermann 1985, 33 **10** John Wylie, Landscape. Key Ideas in Geography, London/New York: Routledge 2007, 1 **11** Ibid., 6 **12** Vgl. u.a. Maurice Merleau-Ponty, Phenomenology of perception, London: Routledge and Kegan Paul 1962/1945 **13** Paul Cézanne zitiert in: Michael Doran (ed.), Gespräche mit Cézanne, Neuausgabe, Zürich: Diogenes Verlag 1998, 140 **14** Das Wort Methode (griechisch = méthodos) bedeutet Weg oder Gang einer Untersuchung, oder auch Weg zu etwas hin. **15** Paul Cézanne zitiert in: Michael Doran (ed.), Zürich: Diogenes Verlag 1982, 137-141 **16** Peter Handke, Die Lehre der Sainte-Victoire, Frankfurt/Main: Suhrkamp 1984 **17** Vgl. Herrmann Hipp, Freie und Hansestadt Hamburg, Ostfildern: DuMont Reiseverlag 1996 **18** Barbara Pichler/Claudia Slanar (ed.), James Benning, Wien: SYNEMA – Gesellschaft für Film und Medien 2007 **19** James Benning in seinem Vortrag ‚All of life is memory' im Rahmen der ECLAS-Konferenz 2013 ‚specifics', HafenCity Universität Hamburg 22.09.2013 **20** Hanns Zischler, Wie die Industrie Amerika vertilgt, in: www.zeit.de/2008/26/Railroad/komplettansicht 27.5.2016 **21** Siehe Merleau-Ponty, op.cit. (Anm.12)

MODELLE BAUEN

Antje Buchholz

Der vorliegende Text stellt die Arbeitsweise vor, die wir als BARarchitekten seit vielen Jahren an der Schnittstelle zwischen Forschung und Praxis verfolgen.[1] Auf der Suche nach einer alltagsbezogenen Architektur, die auf den Wandel unserer heutigen Lebens- und Arbeitswelt reagiert, bewegt sich unsere Arbeit zwischen der Erforschung von Phänomenen des Alltags und der Entwicklung von neuen, modellhaften Architekturkonzeptionen. Im Folgenden möchte ich die Wechselbeziehung zwischen Forschung und Praxis beschreiben und darstellen, welche Werkzeuge wir im Verlauf der Zeit entwickelt haben. Ein wesentliches Werkzeug unserer Arbeit ist das Modell, das hier im Zentrum stehen soll. Als Scharnier im Übergang zur Praxis hat das Modell eine doppelte Rolle, indem es noch Idee und schon gebaute Wirklichkeit ist. Darin öffnet sich für uns ein Denkraum, der besondere Potenziale für die Entwurfsarbeit in sich birgt, die ich hier beschreiben möchte.

MODELLSTADT – INSTRUMENT DER REFLEXION Aus unserer verstärkten Beschäftigung mit Modellen ist das Projekt ‚Modellstadt' hervorgegangen (Abb. 1). Die Modellstadt ist eine Assemblage aus Modellen unterschiedlicher Maßstäbe und Entstehungskontexte. Es stehen dort Fallstudien neben Entwürfen, realisierte Konzepte neben unrealisierten und kleinmaßstäbliche Projekte neben großmaßstäblichen. In der Summe ergeben sie das Bild einer zufällig wirkenden Stadt – einer Stadt der Modelle, die mit dem Begriff der ‚Modellstadt' im Sinne einer Idealstadt spielt. Die Modellstadt begleitet unsere Arbeit seit vielen Jahren und wurde mehrfach in wechselnden Aufbauten in Ausstellungen gezeigt. Für uns verkörpert sie ein wachsendes Archiv, ein Reservoir an Ideen, die jederzeit aktiviert werden können. Zugleich dient sie als Instrument der Reflexion. Dies soll eine

1 | Modellstadt 2003

Netzwerkgrafik veranschaulichen, die unsere Arbeitsweise im Überblick zeigt (Abb. 4). Zu sehen ist die Modellstadt im Zentrum und daraus hervorgehoben einzelne Projekte, die durch Linien miteinander verbunden sind, welche für ein Netzwerk an thematischen Bezügen stehen. In dem folgenden Text soll die Netzwerkgrafik als Referenzrahmen dienen, um wesentliche Aspekte unseres Vorgehens und unserer Inhalte zu beschreiben und um am Beispiel einzelner Projekte zu vermitteln, wie sie sich thematisch überlagern und wechselseitig aufeinander beziehen.

FALLSTUDIEN Am Beginn unserer Zusammenarbeit haben wir 1999 eine Publikation mit dem Titel ‚Shifting the View Documentation of the Commonplace' herausgegeben, die der Frage nachgeht, wie die eigene Alltagserfahrung in eine produktive Beziehung zum Entwerfen gesetzt werden kann.[2] Darin bekräftigen wir die Relevanz der Fallstudien für die Architekturpraxis und vertreten die Auffassung, Fallstudien nicht in Abhängigkeit zu einer konkreten Entwurfsaufgabe zu begreifen, sondern als eigenständige Projekte neben den Entwürfen. Das Potenzial, das wir in der Auseinandersetzung mit unserer Alltagserfahrung sehen, besteht im Perspektivwechsel. Wir verstehen uns als Planer, aber immer auch als Beobachter und Benutzer der uns umgebenden Räume. Die Aufnahme zweier Fenster aus Moskau symbolisiert ein Moment, das wir im Alltag erleben: Die Spannung zwischen Planung und Aneignung (Abb. 2). Der französische Philosoph Maurice Merleau-Ponty unterscheidet diesbezüglich zwischen dem geometrischen und dem anthropologischen Raum.[3]

2 | Fassadenausschnitt Moskau

Im Fall der Aufnahme sind die von innen, vom Gebrauch, gedachten Fenster nicht deckungsgleich mit der für die Fassade entwickelten Ästhetik. Wir betrachten diese Abweichung als produktiv und denken, dass es nicht darum geht, beide Ebenen deckungsgleich zu machen, sondern die Spannung zuzulassen und beide Ebenen beim Entwerfen in ein Verhältnis zueinander zu bringen.

Unsere Fallstudien sind unterschiedlich motiviert. Sie folgen intuitiven wie diskursiven Fragestellungen. Zum einen geht es um erlebte Situationen und konkrete Ereignisse, deren räumliche Zusammenhänge uns zur Erforschung anregen. Das sind zum Beispiel Praktiken beim Gebrauch von Alltagsräumen oder spezifische räumliche Zusammenhänge in existierenden Gebäuden oder städtischen Situationen. Zum anderen geht es um Fragen, die sich aus unserer Arbeit entwickeln und denen wir an Fallbeispielen nachgehen, so wie zum Beispiel die Arbeitsweisen anderer Architekten oder alternative Wege in der Architekturproduktion. Die Fallstudien sind ausschnitthafte, empirische Betrachtungen konkreter Fälle. Sie dienen der Schulung unserer Wahrnehmung und der Suche nach Deutungen verallgemeinerbarer Muster und Zusammenhänge.

ÜBERSETZUNG IN EINE DARSTELLUNG Die eigentliche Aufgabe einer Fallstudie besteht aber in dem Versuch, eine Darstellungsform zu finden. Mit der Suche nach Darstellungstechniken kommen zu den inhaltlichen Fragen die der Repräsentation: Welche Aspekte und Themen sollen herausgestellt werden? Welche Darstellungstechnik ist adäquat? Die Übersetzung der Beobachtung in eine Darstellung ist entscheidend, denn erst darin wird das Beobachtete konzeptionell sichtbar und vermittelbar. Durch die Übersetzung wird die Fallstudie zum Werkzeug für unsere Entwurfsarbeit.

3 | Analysemodell[4] zum Haus Schröder von Gerrit Rietveld

ROLLE DES MODELLS Wenngleich wir mit unterschiedlichen Darstellungstechniken arbeiten, wie Zeichnung, Diagramm, Animation, Video und Text, ist das Modell als Werkzeug für uns zentral, weil es unsere Beobachtungen sowohl physisch als auch konzeptionell greifbar macht. Das abgebildete Analysemodell (Abb. 3) entstand im Rahmen einer Studie über das Haus Schröder (1924) von Gerrit Rietveld in Utrecht.[4] Man sieht den Raum in seinen Umrissen als Drahtgerüst und darin aufgehängt alle flexiblen Elemente, die den Raum im Inneren strukturieren. Durch die Abstraktion des Dargestellten soll ein wesentlicher Aspekt der räumlichen Konzeption sichtbar gemacht werden – in dem Fall die variable Raumbildung durch flexible Elemente.

Mit den Modellen verfolgen wir kein reines Abbild. Die Modelle haben eine doppelte Rolle, die zwischen Idee und Wirklichkeit vermittelt: Sie erfordern Festlegungen zu Material, Bauweise, Mechanismus und sind damit erste räumliche Simulationen einer gebauten Wirklichkeit. Zugleich haben die Modelle eine Offenheit und sind Träger einer Idee oder Konzeption. Sie interpretieren räumliche Zusammenhänge, indem spezifische Aspekte stark gemacht und andere weggelassen werden. Die meisten unserer Modelle beinhalten Elemente eines Spiels: Sie sind wandelbar und zerlegbar, sie setzen Regeln und springen in ihrer Maßstäblichkeit. Darin öffnet sich ein Denkraum, in dem wir Deutungen anstellen und der Frage nach dem Modellhaften nachgehen.

In diesem Zusammenhang ist der Modellbegriff des US-amerikanischen Ethnologen Clifford Geertz interessant. In seinem Text ‚Religion as a Cultural System' deutet er den Begriff in zwei Richtungen: „The term ‚model' has, however, two senses – an ‚of' sense and a ‚for' sense – and though these are but aspects of the same basic concept they are very much worth distinguishing for analytic purposes."[5] Am Beispiel eines Damms versucht

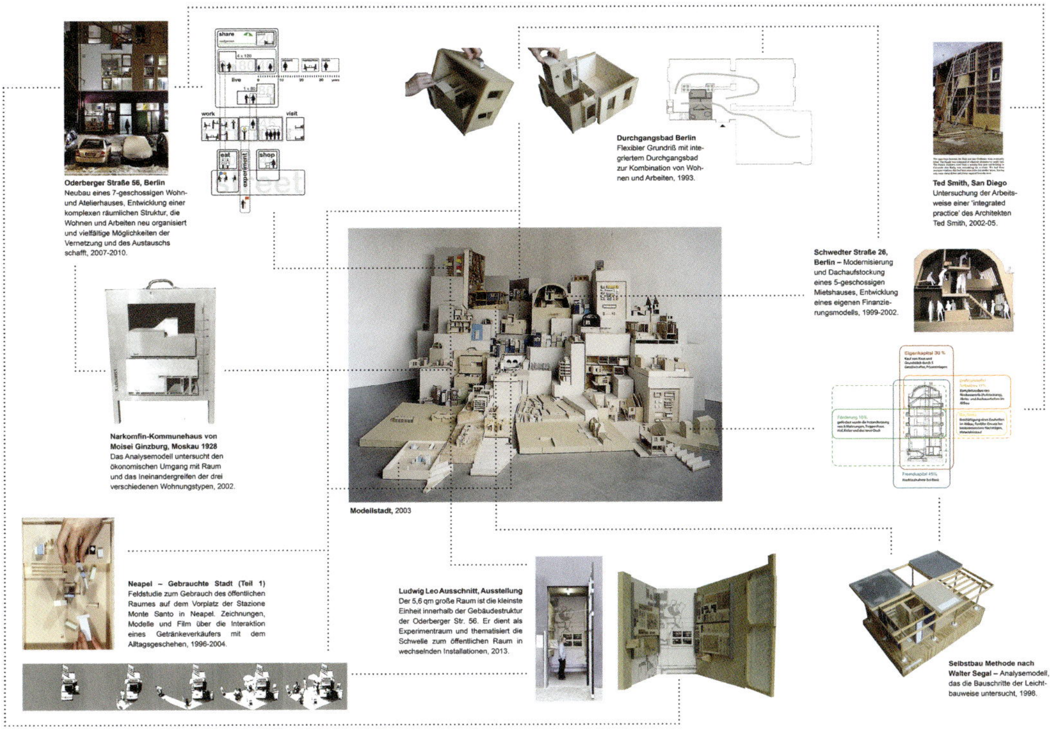

4 | Netzwerkgrafik

Geertz seine Überlegungen deutlich zu machen: Um zu verstehen wie ein Damm funktioniert, entwickelt man eine Theorie zur Hydraulik oder ein Diagramm zum Strömungsverhalten. Beides dient dazu, Strukturen zu verstehen und begreiflich zu machen „as to render them apprehensible; it is a model of ‚reality'".[6] Anders verhält es sich, wenn ein Damm nach den Prinzipien der Hydraulik oder den Schlussfolgerungen aus dem Strömungsdiagramm konstruiert wird: „Here, the theory is a model under whose guidance physical relationships are organized: it is a model for ‚reality'."[7]

Übertragen auf die eigene Arbeit mit Modellen heißt dies, dass wir mittels der Fallstudien nach Deutungen vorhandener Muster suchen, um diese für neue Konzepte fruchtbar zu machen. Geertz' analytische Unterscheidung zwischen ‚model of' und ‚model for', bietet eine Methode an, die ein Denken in Wechselbeziehung ermöglicht. Während es beim ‚model of' darum geht, existierende Zusammenhänge zu verstehen und eine Sichtweise der Realität zu entwickeln, geht es beim ‚model for' darum, einen Entwurf für die Realität zu entwickeln, in dem die gewonnene Sichtweise mitschwingt.

Im Folgenden soll der Versuch gemacht werden, die Wechselbeziehungen des ‚model of' und ‚model for' am Beispiel von sechs Projekten in drei Gegenüberstellungen zu zeigen und ausschnitthaft darzustellen. Wichtig ist, dass hier keine direkten Kausalitäten zwischen

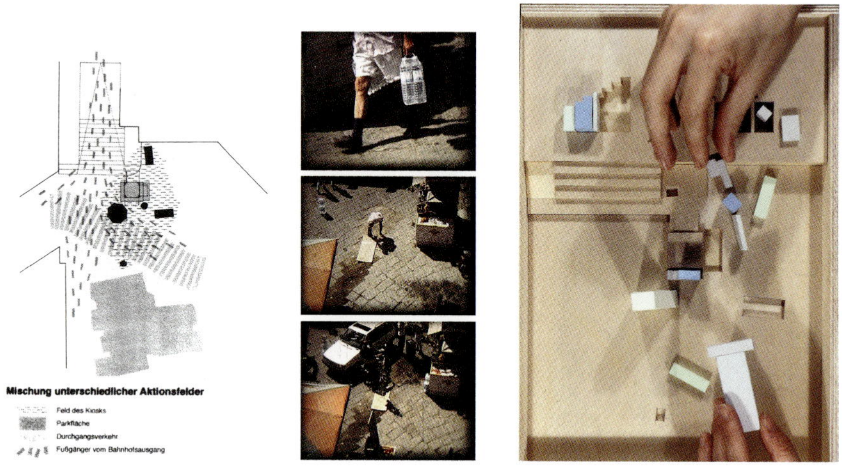

5 | Acquafrescaio Grundriss Aktionsfelder Filmsequenz Modell Neapel 1996

den Projekten hergestellt werden sollen, da dies den Prozess des Entwerfens in seiner Komplexität zu sehr vereinfachen würde. Die Anregungen beim Entwerfen sind zu vielfältig, als dass sie alle benannt und einer Logik zu Grunde gelegt werden können. Auch folgen die Fallstudien und Entwürfe keiner Chronologie, sie entstehen versetzt und in vielen Fällen liegen mehrere Jahre dazwischen. Wie anfangs erwähnt, sind die Projekte Teil eines Reservoirs an Ideen und Konzepten. Dabei geht es um die Vielstimmigkeit der Projekte, die einen Themenkanon bilden, aus dem immer wieder und oft an unerwarteter Stelle thematische Gleichklänge hervortreten. Diese können während des Entwerfens auftreten, wofür die zweite Gegenüberstellung im folgenden Text ein Beispiel ist, oder in der nachträglichen Reflexion, wofür die erste und dritte Gegenüberstellung steht. Es werden hier nur Aspekte benannt und keine Interpretationen geliefert, um eine Idee davon zu geben, wie sich Fallstudien und Entwürfe thematisch berühren und anregen. Nicht zuletzt sei auf eine Unschärfe hingewiesen, die jedem Modell zu eigen ist, denn auch wenn die Modelle versuchen, Prinzipien und Konzepte zu veranschaulichen, sind sie zugleich gebaute Objekte, deren Lesart offen bleibt.

NUTZUNGSÜBERLAGERUNG – INTERAKTION Die erste Gegenüberstellung zeigt die Fallstudie einer städtischen Alltagssituation um einen Getränkekiosk in Neapel und ein kleinmaßstäbliches Bauprojekt, das den Einbau eines Badezimmers in eine Berliner Altbauwohnung umfasst.

ACQUAFRESCAIO NEAPEL (1996) Die Studie entstand im Rahmen eines einmonatigen Aufenthalts in Neapel und diente der Untersuchung des Alltaggeschehens auf dem Vorplatz

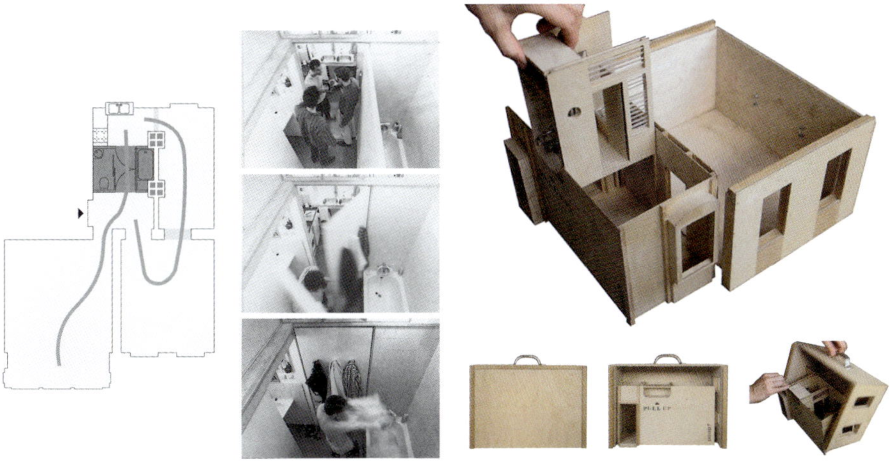

6 | Durchgangsbad Grundriss Fotosequenz Modell Berlin 1993

eines zentral gelegenen Lokalbahnhofs. Ein Detail dieser Studie ist ein Getränkekiosk, der sich am Knotenpunkt von Vorplatz, Bahnhofstreppe und Straßenmündung, unmittelbar im Verkehrsfluss von Autos und Fußgängern, befand (Abb. 5). Davon unbeirrt steckte der Getränkeverkäufer jeden Morgen, gleich einem Ritual, ein Feld um seinen Stand herum ab, indem er Gegenstände an den immer gleichen Punkten platzierte. Dieses Vorgehen, das so alltäglich erschien, dass es zunächst bei der Beobachtung nicht auffiel, zeigt, dass der Getränkeverkäufer eine Taktik entwickelt hatte, in das Verkehrsgeschehen einzugreifen, um ungestört seinem Verkauf nachzugehen – so hielt er parkende Autos auf Abstand, um zugleich den fahrenden Verkehr durch sein Verkaufsfeld zu lenken. Durch die bewusste Überlagerung unterschiedlicher Aktionsfelder war an diesem Punkt der Stadt ein elastisches Zusammenspiel entstanden, das verschiedene Nutzungsinteressen zuließ und Interaktion ermöglichte.

DURCHGANGSBAD BERLIN (1993) Ein frühes, kleinmaßstäbliches Projekt umfasste den Einbau eines Badezimmers in eine unmodernisierte Berliner Altbauwohnung, in der gewohnt und gearbeitet wurde (Abb. 6). Bei der Konzeptfindung kam es darauf an, das Ineinandergreifen von Wohnen und Arbeiten so zu organisieren, dass beide Bereiche Funktionen teilten, aber auch unabhängig voneinander funktionieren konnten. Um kein Zimmer zu verlieren, wurde das Bad mit der Küche kombiniert und als ein Schaltraum interpretiert, der durch Öffnen und Schließen der Türen entweder dem Wohn- oder dem Arbeitsbereich zugeschaltet werden konnte. Wurde das Bad nicht benutzt, verschwand es als Raum und wurde zum Durchgang. Mit diesem in vielerlei Hinsicht ökonomischen Eingriff konnten die Wege innerhalb der Wohnung neu organisiert und die temporäre Überlagerung von Wohnen und Arbeiten erprobt werden.

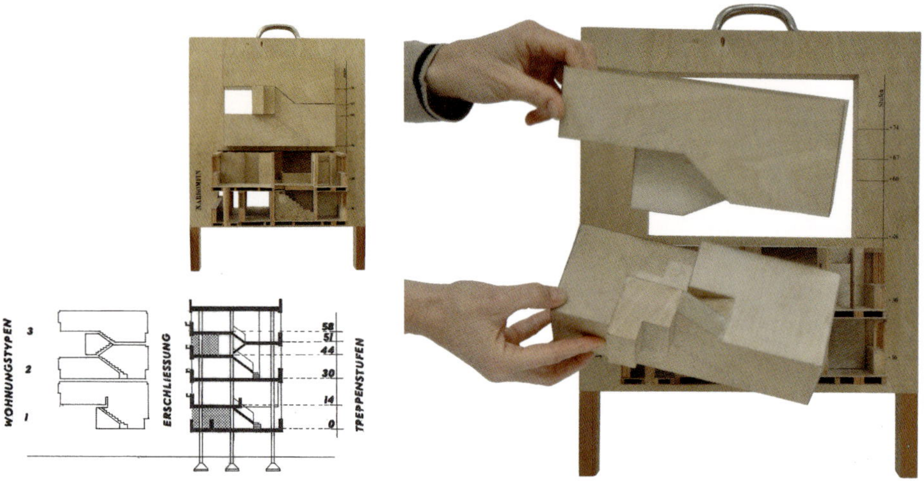

7 | Narkomfin Schnittdarstellungen und Analysemodell der drei Wohnungstypen Moskau 1996

RAUMÖKONOMIE – DICHTE Die zweite Gegenüberstellung zeigt die Modellstudie des Narkomfin-Gebäudes, erbaut von Moisei Ginzburg am Ende der 1920er Jahre in Moskau, und das Bauprojekt Oderberger Straße, ein Wohn- und Atelierhaus in Berlin.

NARKOMFIN MOSKAU (1996) Auslöser für die Analyse des Narkomfin war ein Besuch des Gebäudes Mitte der 1990er Jahre, das uns trotz des desolaten Zustands in seiner räumlichen Struktur sehr beeindruckt hat (Abb. 7). Es gehört zu den Experimenten des Konstruktivismus und wurde als Kommunenhaus konzipiert. Das Gebäude ist ein langer Riegel und kombiniert auf raumökonomische Weise drei verschiedene Wohnungstypen, deren Volumen miteinander verschränkt sind. Das Modell untersucht die Raumverhältnisse und Verschränkungen dieser drei Wohnungstypen. Es gibt zwei Raumverhältnisse: Im unteren Teil liegen die doppelgeschossigen Ateliers mit einem Raumverhältnis von 1:2 und darüber die beiden Wohnungen mit einem Raumverhältnis von 2:3, das heißt, zwei hohe Räume entsprechen drei Normalgeschossen, wodurch eine räumliche Verschränkung entsteht. Die Stapelung dieser drei Wohnungstypen ermöglicht die Erschließung von sechs Wohnebenen über nur zwei Gänge. Das Narkomfin kombiniert Dichte mit Großzügigkeit, was zur besonderen Raumqualität der Wohnungen beiträgt.

ODERBERGER STRASSE 56 BERLIN (2010) Das Projekt Oderberger Straße greift die Raumverhältnisse des Narkomfin auf und kombiniert sie auf neue Weise in einem besonders

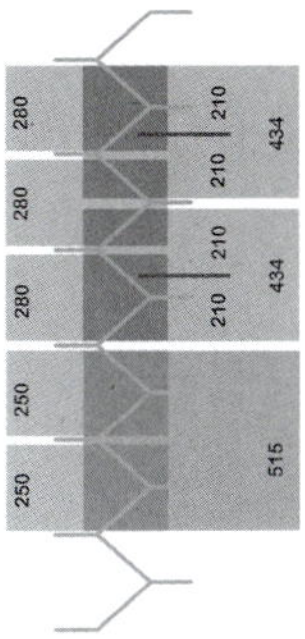

8 | Oderbergerstraße Schnittdiagramm Modell mit unterschiedlichen Raumvolumen Foto Innenraum Berlin 2010

kompakten Baukörper (Abb. 8). Das Diagramm zeigt die doppelgeschossigen Ateliers im unteren Teil und darüber die Wohnungen mit einem Raumverhältnis von 2:3, wobei zwei hohe Räume mit 4,35 m Deckenhöhe drei Normalgeschossen mit 2,80 m Deckenhöhe entsprechen. Anders als im Narkomfin sind die Raumvolumen um ein zentrales Treppenhaus angeordnet, woraus sich eine clusterartige Struktur ineinander greifender Raumvolumen ergibt. Durch die mittige Anordnung des Treppenhauses ließ sich der Geschossversatz nutzen, sodass Wohneinheiten nicht nur über die Hauptpodeste erschlossen werden können, sondern auch über die Zwischenpodeste, was wiederum eine große Flexibilität in der Nutzung erlaubt.

SCHWELLE – AUSTAUSCH Die dritte Gegenüberstellung zeigt eine Fallstudie aus Neapel zum Thema Nischenökonomie und ein Ausstellungsprojekt in einen 5,6 qm großen Experimentraum im Projekt Oderberger Straße.

PIGNASECCA NEAPEL (2002) Entlang einer Marktstraße im historischen Zentrum von Neapel wurden am Beispiel einzelner Läden räumliche Praktiken im Umgang mit der Schwelle zwischen Geschäft und Straße untersucht. Die bauliche Grundstruktur Neapels besteht aus einem Zellensystem einzelner Räume, ‚bassi', die nur von der Straße aus zu betreten sind (Abb. 9). Als Läden sind diese Räume tagsüber ganzseitig offen und werden abends über einen Rollladen verschlossen. Im täglichen Austausch mit der Straße folgen

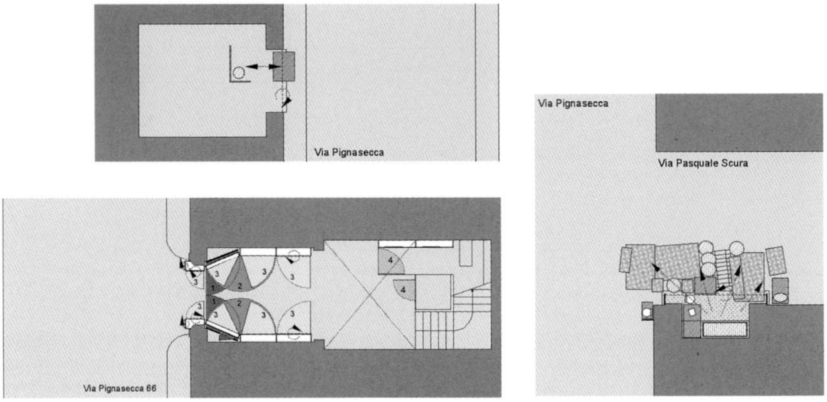

9 | Via Pignasecca Darstellung drei verschiedener Ladentypen im Umgang mit der Schwelle zwischen Laden- und Straßenraum Neapel 2002

die Händler alle demselben räumlichen Prinzip und rücken ein mobiles Element über die Schwelle des Ladens hinaus in den Straßenraum. Diese Praktik konnte in vielen Wiederholungen und Varianten beobachtet werden. Die drei Beispiele zeigen ein typisches ‚basso' mit einer Vitrine, die auf den schmalen Bürgersteig ragt, einen Nischenladen, der sich in den Straßenraum ausbreitet und einen Laden, der sich unter der Treppe im Hof eines Palazzos befindet und zu dem ein komplexes System von ausklappbaren Vitrinen gehört, die über die Eingangstore des Palazzos geschlagen werden. In diesem differenzierten Umgang mit der Schwelle zeigt sich ein Spiel, mithilfe unterschiedlich verfeinerter Elemente und Handlungsweisen aus den minimalen Raumbedingungen heraus eine maximale Oberfläche zu entfalten, um im Straßenraum sichtbar zu werden und in einen Austausch zu treten.

LUDWIG LEO AUSSCHNITT, AUSSTELLUNG (2013) Der 5,6 qm große und 3,60 m hohe Raum im Erdgeschoss des Projekts Oderberger Straße stellt die kleinste Einheit innerhalb der Gebäudestruktur dar, wo er eine Art Leerstelle bildet, indem er keine Miete erwirtschaftet und für experimentelle Rauminstallationen zur Verfügung steht (Abb. 10). Der Raum hat ein flexibles, demontierbares Fassadenelement und ist, wie die ‚bassi', nur von der Straße aus zu betreten. In Zusammenarbeit mit dem Kunsthistoriker Gregor Harbusch konzipierten wir 2013 für diesen Raum eine Ausstellung über die Arbeit des Berliner Architekten Ludwig Leo. Auf die minimale Größe des Raumes nahm die Ausstellung programmatisch Bezug, indem sie eine räumliche Strategie aufgriff, die Leos Arbeit kenn-

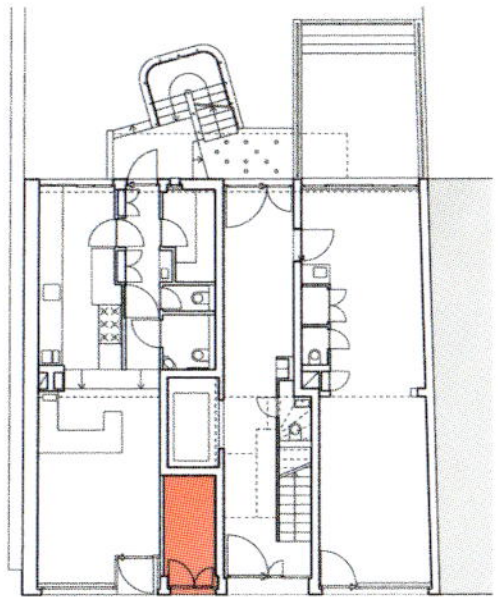

10 | Ausstellung Ludwig Leo Ausschnitt Modell Ausstellungskonzept Lage des Ausstellungsraums im Erdgeschoss und Foto der Situation im Straßenraum Berlin 2013

zeichnet: extreme Raumdichte in Relation zu räumlicher Großzügigkeit – in diesem Fall die auf fünf Quadratmetern verdichtete Ausstellung in Relation zu dem weitläufigen, zehn Meter breiten Bürgersteig. Die Ausstellung war über zwei Monate geöffnet, tagsüber schwellenfrei zugänglich und abends über ein großes Tor verschlossen. Gezeigt wurden vier Projekte Leos auf vier verschiebbaren Tafeln, ein Modell, die 1:1-Vergrößerung einer Zeichnung, Fotografien und ein Animationsfilm. Das eigentliche Experiment der Ausstellung bestand in dem Ausstellungsformat, mit dem wir testen wollten, wie weit es gelingt, aus der minimalen, räumlichen Situation heraus Öffentlichkeit herzustellen, um Leos Arbeit auf eine ungewöhnliche und radikal öffentliche Weise zu zeigen.

MODELLSTADT – STADT DER MODELLE Es ließen sich weitere Gegenüberstellungen anfügen. Entscheidend aber ist, dass die Projekte – Fallstudien sowie Entwürfe – auf konzeptioneller Ebene wechselseitigen Bezug nehmen. Die Modelle helfen uns dabei, über die Maßstäbe hinweg zu denken. Indem sie ‚nur' Modelle sind, die Idee und Wirklichkeit zugleich angehören, sind sie immer auch hypothetisch und beinhalten ein Experiment. Am Bild der Modellstadt soll unsere Arbeit zum Ausdruck bringen, dass die Suche nach einer alltagsbezogenen Architektur weniger eine Modellstadt im Sinne einer Idealstadt benötigt als vielmehr eine Stadt der Modelle, das heißt eine Stadt mit multiplen Experimenten, die in Form von 1:1-Modellen getestet werden.

ANMERKUNGEN **1** Antje Buchholz, Jack Burnett-Stuart, Michael von Matuschka und Jürgen Patzak-Poor lernten sich während des Studiums in Berlin und London kennen und begannen in den 1990er Jahren gemeinsam unter dem späteren Namen BARarchitekten (Base for Architecture and Research) zu arbeiten. **2** Antje Buchholz/Jack Burnett-Stuart/ Michael Matuschka/Jürgen Patzak-Poor, Shifting the view. Documentation of the commonplace, Sci-Arc Los Angeles: Public Access Press 1999 **3** Maurice Merleau-Ponty, Phänomenologie der Wahrnehmung, Berlin: de Gruyter 1974 **4** Das Modell wurde im Rahmen des Studiums von Michael von Matuschka, Anna von Gwinner und Jakob Blendermann gebaut. **5** Clifford Geertz, Essay. Religion as a cultural system, The interpretation of cultures, New York: Basic Books 1973, 93 **6** ibid. **7** ibid.

EXPERIMENTIEREN

Entscheidend ist, was unterwegs passiert.

Thomas S. Kuhn

Im allgemeinen Sprachgebrauch wird das Experimentieren meist mit dem Ausprobieren von etwas Neuem, Gewagtem oder Unsicherem gleichgesetzt sowie mit erkundendem und ungewohntem Vorgehen. In den verschiedenen natur-, konstruktions- und sozialwissenschaftlichen Disziplinen entwickelten sich spätestens seit dem 19. Jahrhundert unterschiedliche Experimentalkulturen und damit gleichzeitig diverse Verfahren.[1] Dort werden Experimente vor allem eingesetzt, um neues Wissen zu einem theoretischen oder praktischen Sachverhalt zu gewinnen, um mit viel Wissen die Grenzen eines Bereichs auszutesten oder um ein bestimmtes, noch wenig gesichertes Konzept zu bestätigen.[2] Auf Erkenntnisgewinn ausgerichtet, ist das experimentelle Vorgehen dabei mit einem theoretischen Rahmen und mit einem methodisch transparenten Ablauf verbunden und soll aufgrund übertragbarer Randbedingungen, Regeln und Reihenfolgen repetierbar sein. Auch wenn Experimente oft als extrem ergebnisoffen charakterisiert werden und damit Ungelöstes bergen, verkörpert sich in einer Experimentalanordnung ein großer Anteil zu diesem Zeitpunkt als gesichert geltenden Wissens und auch eine gewisse Wahrscheinlichkeit des Ergebnisses bezogen auf ein vorhersagbares Ergebnisfeld.[3]

Aus der wiederholten bzw. variiert wiederholten Durchführung sollen schließlich regelhafte, gleichbleibende Aussagen formuliert werden können, die dann auch mit Wissen gleichgesetzt werden.[4] Mit dieser Linse betrachtet kann in Architektur und Landschaftsarchitektur, insbesondere in systematisch basierten Bereichen wie Bautechnik oder Landschaftsökologie oder im digital unterstützten Arbeiten mit algorithmischen Methoden von Experimenten gesprochen werden. Endliche Operationen und präzise Beobachtungen führen dabei zu begründbaren Ergebnissen, die oft auch realisiert werden können und übertragbar sind.

Die Einmaligkeit jeder Entwurfsaufgabe deutet hingegen auf einen anderen Blickwinkel, auf die Akzentuierung des Bedeutungsbereichs experimenteller Praktiken, die mit dem Entwickeln und Testen verbunden sind oder auch mit erkundenden, ungewohnten Vorgehensweisen. So können im Zusammenhang mit der Entwicklung von Grundkonzeptionen und präferierten Entwurfsqualitäten ebenso wie im iterativen Prozess der Lösungsfindung beim Entwerfen eines Projektes experimentelle Verfahren auf unterschiedlichen Ebenen und mit verschiedenen Zielsetzungen integriert sein. Selbst die Mittel und Medien der entwurfsbasierten Disziplinen können als Forschungsinstrumente experimentell erprobt werden. Wichtig erscheint, gegenüber den offeneren Formationen des Erfindens, dass das auf empirische Materialien und Kontexte bezogene Experimentieren in der Regel mittels einer Struktur erfolgt, die nicht zerfließt und die sich übertragen lässt.[5] Die Beiträge von Michael Schumacher, Verena Brehm und Laura Kienbaum beschreiben gegenstandsnah mit unterschiedlichen Intentionen diverse Praktiken des Experimentierens im Entwurfs- und Forschungskontext von Architektur und Städtebau. Bezogen auf technologische und ökologische Fragen des Bauens, auf konzeptuelle und mediale Werkzeuge des Entwerfens und Forschens sowie auf soziale und gesellschaftliche Fragen des Wohnens, der stadträumlichen Nutzung und der Aneignung zeigen sie auf, wie damit Erkenntnisse, Wissen und Gestaltung generiert werden können.

Experimentelle Phasen sind in den konkreten Entwurfs-, Planungs- und Bauprozessen der Architekturbüropraxis anwendungsbezogen integriert. So wird von Michael Schumacher in Postprojektanalysen anhand von Beispielen aus diversen Arbeitsbereichen dargelegt und aufgezeigt, wie die Entwerfenden im Praxiskontext und im Rahmen von Prozessen, in die sie unmittelbar verwickelt sind, zu Forschenden werden. Dabei wird die im Entwurfsverlauf innerhalb verschiedener Entwurfssequenzen generierend und evaluierend auftretende Variantenbildung, wie sie auch in Gedankenexperimenten zu finden ist, als eine lockere experimentelle Forschungsform vorgestellt, die unmittelbare Erkenntnisse für den weiteren Prozessverlauf erbringen kann oder auch grundlagenbildend wirkt, wie beispielsweise bei der auf Recherchen basierten Konzeptentwicklung für minimalen, flexiblen und kostengünstigen Wohnungsbau.[6] Ebenfalls können interdisziplinäre Zusammenarbeit und fachübergreifende Forschung relevant werden, sodass dann mehrere Wissensexpertisen zusammentreffen und neues kollektives sowie transdisziplinäres Wissen über verschiedene experimentelle Levels hervorgebracht wird, bezogen beispielsweise auf bautechnische Lösungen wie die eines aufgewölbten, runden Oberlichtelements oder materialspezifische Eigenschaften bei komplexen Formbildungen. Diese experimentellen Verfahren bilden jeweils eine konkrete Lösungsfindung für spezifische Entwurfskomponenten im Prozess des objekt- und raumbezogenen Entwerfens von schneider+schumacher, und ihre Ergebnisse können auch entwurfsmodifizierend wirken. Zu betonen ist in diesem Zusammenhang, dass sich dabei freieres Ausprobieren und systematisches Testen vermischen. In die Prozesse fließen zudem persönliches Engagement und Leidenschaft wie auch die impliziten Wissensanteile mit hinein, die unter anderem aus der Kenntnis einer Vielzahl von Lösungen und der Erfahrung, wie etwas zu tun ist, gebildet werden. Bei der Generierung von Erkenntnissen in der experimentellen Anwendungsforschung spielen sie eine nicht unwesentliche Rolle.[7]

Entlang der Fragen, wie in Entwurfszusammenhängen erforschende experimentelle Verfahren integriert werden und welche Zielsetzungen, Hintergründe und Eigenschaften diese haben, stellt Verena Brehm verschiedene experimentelle Verfahren vor, die das Schaffen des von ihr mitgegründeten Büros CITYFÖRSTER begleiten und in Entwurfswegen, Darstellungsformaten oder baulichen Varianten realisiert werden. Initiiert werden sie vor dem Hintergrund des Bestrebens, zu wichtigen Fragen der zeitgenössischen gesellschaftlichen Kondition und zu Wandlungsprozessen innovative, qualitätssteigernde Vorschläge für den Bereich Architektur und Städtebau zu entwickeln. Die Praktiken können als Realexperimente charakterisiert werden, bei denen Wissenserzeugung und Wissensanwendung pragmatisch miteinander verzahnt sind. Den Rahmen von routinierten Arbeitsabläufen und Prozessen der alltäglichen Büropraxis übersteigend, bilden diese experimentellen distanznehmenden Phasen und Settings Spielräume, um Selbstverständlichkeiten zu hinterfragen, um zu forschen und um Alternativen zu konzeptualisieren. Im Zusammenhang mit Aufgabenstellungen, die entsprechende Passungen ermöglichen, werden die Vorstellungen als praktische Variante realisiert und – auch über den Vergleich – konzeptuell weiterentwickelt. So entstehen Sequenzen aus Forschen und Entwerfen, mittels derer schrittweise die Prozessgestalt oder das jeweilige Konzept bzw. der Konzept- oder Vermittlungsbausteins erprobt wird. Es handelt sich gleichzeitig um eine relationale Entwurfspraxis, die spezifische lokale und situationsbezogene Aspekte der jeweiligen Aufgabe integriert, die grundlegende Struktur des Konzepts aber beibehält.[8] In der variierenden Wiederholung der experimentellen Testverfahren zu einzelnen Aspekten werden Erkenntnisse erweitert und es entsteht ein fortgesetzter Qualifizierungsprozess für die beteiligten Akteure, der zudem weitere Fragestellungen öffnen und Forschungen motivieren kann.

Gestaltung als integrativer Akt verbindet unterschiedliche Wissensformen miteinander. In Disziplinen wie der Architektur und Landschaftsarchitektur zählen dazu auch die Erkenntnisse, die durch die in den Prozessen eingesetzten Medien wirksam werden und entstehen, wie der Beitrag von Laura Kienbaum zeigt, der das tradierte Entwurfsmittel der geometrisch-abstrakten Architekturzeichnung als Forschungsmedium thematisiert. Wenn mit einer auf die Gewinnung typologischen und räumlichen Wissens gerichteten Erkenntnisabsicht die darstellende Geometrie als Forschungsinstrument genutzt wird, um in planvollen Schritten Wissen über einzelne Gestaltungsaspekte zu extrahieren und ‚objektiv' darzubieten, dann kann von einem hybriden experimentellen Verfahren gesprochen werden, das analytische, generische und synthesebildende Anteile mischt. Am Beispiel einer Forschungsarbeit zu städtischen Seilbahnen wird präzises Zeichnen in seinen erkenntnisgenerierenden und repräsentierenden Potentialen und Grenzen erkundet und insbesondere im

Vergleich zu sprachbasierter Forschung vorgestellt. Mit ihrer geometrisch-abstrakten Eigenart, mit Punkten, Linien und Flächen in diversen Konstellationen vermitteln die abstrahierenden Zeichnungen komprimierte Beobachtungen expliziter und verborgener Konstruktionen, Schemata und räumlicher Relationen. Das experimentell eingesetzte analysierende Zeichnen ist dabei Forschungsinstrument, bevor es zur Darstellung dient. Die Relevanz eines entwurfsspezifischen Mediums als Forschungswerkzeug wird dabei ebenso deutlich wie die einer grundlegenden Denk- und Handlungskompetenz von Architektur- und Landschaftsarchitekturschaffenden, die aus entwerferischen Wissensordnungen entsteht.[9] Ausgehend von solchen Untersuchungen kann Entwurfsforschung über die generativen und kommunikativen Potentiale ihrer Praktiken in einer spezifischen Weise konturiert und qualifiziert werden. MB

ANMERKUNGEN **1** Vgl. hierzu und zum Folgenden Gunhild Berg, Zur Konjunktur des Begriffs ‚Experiment' in den Natur- und Geisteswissenschaften, in: Michael Eggers/Matthias Rothe (eds.), Wissenschaftsgeschichte als Begriffsgeschichte. Terminologische Umbrüche im Entstehungskontext der modernen Wissenschaften, Bielefeld: Transcript 2009, 51-81 **2** Vgl. Jürg Conzett, Ordnung und Experiment, in: Fachbereich Architektur der Universität Hannover (ed.), Experiment und Ordnung, hoch6 Jahrbuch, Hannover: Internationalismus 2006, 25-29 **3** Hans-Jörg Rheinberger, Wissenschaft und Experiment, in: Nina Zschocke/Anne von der Heiden (eds.), Autorität des Wissens. Kunst- und Wissenschaftsgeschichte im Dialog, Zürich: Diaphanes 2012, 123-132; 124-125 und 132 sowie Berg 2009 op. cit. (Anm.1), 56 **4** Vgl. hierzu und zum Folgenden Toni Kotnik, Experiment als Entwurfsmethode. Zur Möglichkeit der Integration naturwissenschaftlichen Arbeitens in die Architektur, in: Albert Kirchengast/Ákos Moravánszky (eds.), Experimente. Experiments. Architektur zwischen Wissenschaft und Kunst, Berlin: jovis 2011, 24-53, 40-48 **5** Vgl. Rheinberger 2012 op. cit. (Anm.3), 132; Berg 2009 op. cit. (Anm.1), 6 **6** Vgl. Kees Dorst/Bryan Lawson, Design expertise, Oxford et al.: Elsevier 2009, 30-32 **7** Vgl. hierzu grundlegend Nigel Cross, Designerly ways of knowing, London: 2006, bes. 9-10; Georg Hans Neuweg, Könnerschaft und implizites Wissen, Münster: 1999, 344-366 **8** Vgl. hierzu auch Siv Stangeland/Reinhard Kropf, Relational practice, in: Michael U. Hensel, Design innovation for the built environment, New York: Routledge 2012, 171-188, 171 **9** Vgl. hierzu auch Daniel Gethmann, Interaktionen. Zur medialen Konstitution des Entwerfens, in: id./Susanne Hauser (eds.), Kulturtechnik Entwerfen. Praktiken, Konzepte und Medien in Architektur und Design Science, Bielefeld: Transcript 2009, 359-371, 360

FORSCHEN HEISST MACHEN

Michael Schumacher

Die allgegenwärtige Definition von Forschen bedeutet, sich um (wissenschaftliche) Erkenntnis zu bemühen. Dass diese nicht immer rein theoretisch sein und bleiben muss, lässt sich an unterschiedlichen Beispielen von schneider+schumacher zeigen. Durch die Entwicklung verschiedener Varianten und Lösungsvorschläge für konkrete Bauvorhaben ergibt sich ein Prozess, der dem der Forschung gleichzusetzen ist: eine systematische Suche nach neuen Erkenntnissen und deren Dokumentation. Durch die Reduktion der Varianten und Möglichkeiten auf die beste Lösung erfolgt Forschung im Anwendungskontext. Dieses Entwurfshandeln fließt automatisch in die Forschungsarbeiten an der Universität mit ein, beispielsweise zu beweglichen Teilen in der Architektur, die in der Publikation ‚move. Architektur in Bewegung' veröffentlicht wurden.[1] Projektgeleitete Forschung generiert sich aus dem entwerferischen Suchen nach einer in ästhetischer und/oder technologischer Hinsicht gerichteten Recherche, deren Prozess durch Expertise und ‚personal knowledge' grundlegend geprägt wird. Allgemeine Aktivitäten stellen das Suchen, Generieren, Evaluieren und Auswählen dar. Forschen ist also eine experimentelle Entwicklung, die verschiedene Lösungsrichtungen und Varianten zulässt. Forschung zeigt Varianten auf, reduziert und verfeinert sie und generiert schließlich übertragbare Erkenntnisse.

Drei Bereiche lassen sich für das Architekturbüro nennen, in denen in den vergangenen Jahren für die anwendungsorientierte Forschung sehr hilfreiche Ergebnisse erzielt wurden. Im Folgenden werden der 2012 fertiggestellte Erweiterungsbau des Städel Museums als Beispiel für technologische Forschung, die Gestaltung der Außenanlagen am Bürokomplex ‚die welle' in Frankfurt am Main (2015) für Materialforschung und das zur Zeit in der Planung befindliche Wohnungsbauprojekt in Frankfurt-Oberrad zum Thema ‚Typologische und bauwirtschaftliche Forschungen' vorgestellt.

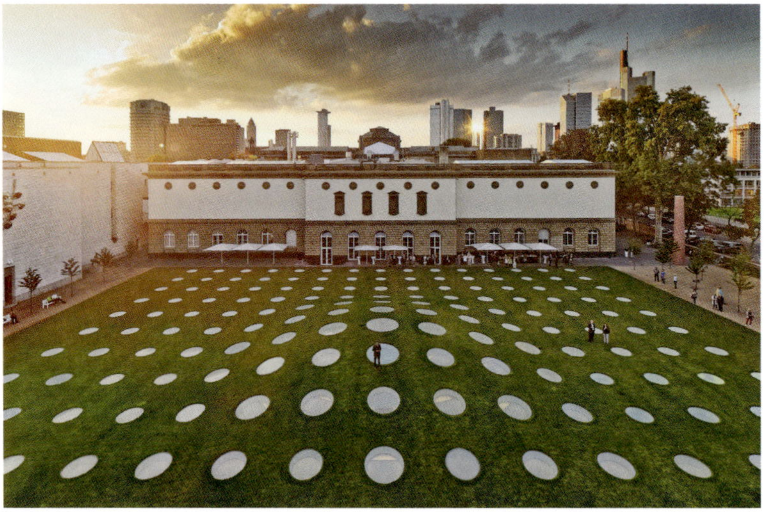

1 | schneider+schumacher Erweiterung Städel Museum Frankfurt 2008-2012

TECHNOLOGISCHE FORSCHUNG Als Beispiel für technologische Forschung lässt sich die Erweiterung des Städelmuseums anführen. Aufgrund der unterirdischen Bauweise und der Integration der Deckenlichter (195 Glasaugen) in den Museumsgarten stand das Architektenteam vor einigen technologischen Herausforderungen, die sie mit Hilfe von interdisziplinärer Zusammenarbeit und Planung bestmöglich erfüllten (Abb. 1).

Seit dem Bau des Städelmuseums Ende des 19. Jahrhunderts wurden das Ausstellungsgebäude und die Außenanlagen im vergangenen Jahrhundert mehrmals um- und ausgebaut sowie nach den Zerstörungen des Zweiten Weltkriegs saniert und modernisiert. Als sich das Museum 2007 für eine erneute Erweiterung entschied, stand dabei die Ausstellung zeitgenössischer Kunst im Vordergrund. Das Städel Museum lobte einen beschränkten Wettbewerb aus, der vorsah, die vorhandene Ausstellungsfläche um 2500 qm zu erweitern und damit die bestehende fast zu verdoppeln. Die Anforderung war, diese Erweiterungsfläche als Neubau auf dem Gelände zu schaffen. Zur Teilnahme am Wettbewerb wurden acht renommierte deutsche und internationale Architekturbüros eingeladen. schneider+schumacher gelang es mit ihrem Vorschlag, die Erweiterung unter dem Garten der Anlage anzuordnen und in diese die Verlängerung der zentralen Achse durch den Hauptbau zu erschließen, die internationale Jury und den Bauherrn zu überzeugen.[2]

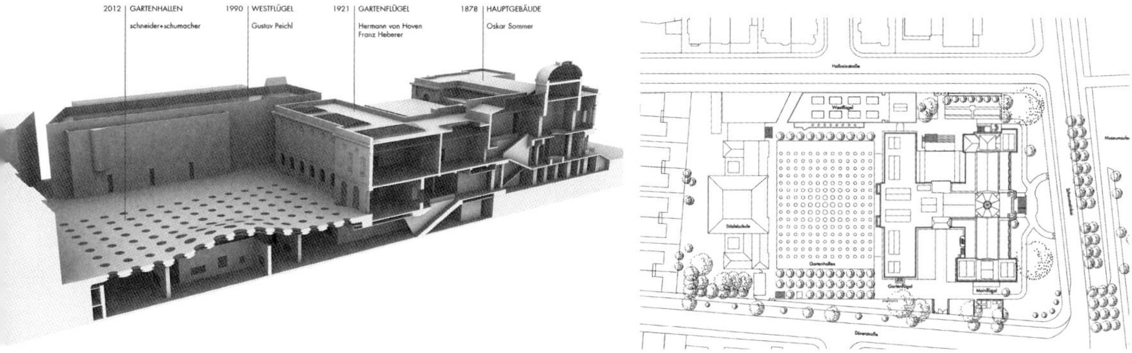

2-3 | schneider+schumacher Schnittmodell und Lageplan der Erweiterung Städel Museum Frankfurt 2012

Zentrale Idee des Wettbewerbsentwurfs war es, die letzte Freifläche auf dem Gelände, den Garten, für die Erweiterung zu nutzen und diesen gleichzeitig als begehbare Fläche und zur Präsentation von Skulpturen zu erhalten. Dieses architektonische Konzept wurde im Wesentlichen durch zwei Leitideen umgesetzt. Die erste Idee ist der formale Ansatz mit seiner zentralen Aufwölbung der den gesamten Raum überspannenden Decke (Abb. 2-3). Hierdurch wird eine räumliche Zentrierung des Baukörpers erreicht und die innere Orientierung festgelegt. Zudem entsteht durch die axiale Ausrichtung ein Raumkontinuum, das sich vom Eingangsbereich über die Treppenläufe bis hin zu den Gartenhallen erstreckt. Im Außenraum wird der unterirdische Neubau durch die Aufwölbung als fester Bestandteil des Gartens wahrgenommen und die vierte Erweiterung des Städel Museums als eigenständiger Beitrag zur Architektur des historischen Städel-Komplexes markiert.

Die zweite Leitidee beschäftigt sich mit der Belichtung des zirka 8 m unter der Erde angeordneten Ausstellungsraums. Ziel war es, ähnlich wie in den Oberlichtsälen des Altbaus, eine von Tageslicht geprägte Atmosphäre entstehen zu lassen. Hierzu wurden 195 kreisrunde Oberlichter in einem Raster von 3,7x3,7 m symmetrisch über die gesamte Deckenfläche angeordnet. Die Oberlichter haben in den Randbereichen einen Durchmesser von 1,5 m und nehmen zum Zentrum der Aufwölbung hin im Radius bis zu einem Durchmesser von 2,5 m zu. Die Vor- und Nachteile des Tageslichtes spielten eine zentrale

4 | schneider+schumacher Innenansicht der Erweiterung Städel Museum Frankfurt 2012

Rolle bei der Lichtplanung. Zum Einen wird möglichst viel Tageslicht als Referenzlichtquelle für eine weitestgehend natürliche Farbwiedergabe bei den Kunstwerken gewünscht, zum Anderen enthält natürliches Licht Strahlungsanteile, die unter konservatorischen Gesichtspunkten nicht nur unerwünscht, sondern sogar schädlich sind. Außerdem müssen tages- und jahreszeitliche Schwankungen des Tageslichtes für einen geregelten Museumsbetrieb über Kunstlicht ausgeglichen werden. Dieses architektonische Konzept überzeugte das Preisgericht, das den Entwurf im Protokoll der Jurysitzung würdigte.[3] Im Vordergrund der Überlegungen bei der Entwurfsarbeit standen im weiteren Prozess drei Aspekte; eine logische und sichere Integration des neuen Gebäudes in den Bestand, der Vorsatz einen Ausstellungsraum zu schaffen, in dem man vergisst, dass man sich unter der Erde befindet und Ausstellungsräume, die den aktuellen Anforderungen und Vorstellungen eines modernen Museums gemäß entworfen wurden (Abb. 4). Mit der Planung beschäftigte sich von Beginn an ein interdisziplinäres Team aus den Architekten der schneider+schumacher Planungsgesellschaft, deren Parametrikabteilung, den Tragwerksplanern Bollinger und Grohmann und dem Ingenieurbüro OSD, welche die Planungen im Bereich Fassade unterstützten.

Die Herausforderungen in der Planung lagen unter anderem in der Decke mit den 195 Oberlichtern, die mit Hilfe einer Kuppel in den Garten des Städelmuseums integriert wurde. Die Lichter sollten vom Garten aus begehbar und einbruchsicher sein. Gleichzeitig galt es, die bauphysikalischen Anforderungen eines modernen Isolierglases zu erfüllen (Abb. 5). Unter Zuhilfenahme der integralen Planung, einem ganzheitlichen Planungsansatz, der

5 | schneider+schumacher Oberlichter im Städel Museum Frankfurt 2012

auf einer gleichzeitigen Mitwirkung aller am Planungsprozess beteiligten Fachdisziplinen beruht, konnten folgende Ergebnisse erzielt werden.[4] Die Glaseinheit sitzt auf einer Stahlkonstruktion, die nicht nur die Verbindung mit dem Rohbau sicherstellt, sondern auch sämtliche weiteren Systeme für Verschattung und die Beleuchtung des Ausstellungsraums beinhaltet. Dazu gehört neben dem Sonnenschutz, der vor zu viel Tageslicht schützt, auch noch ein Kranz aus LED-Elementen. Durch die Lichtsteuerung wird der Einsatz von Kunstlicht in Abhängigkeit zum Tageslicht und in Abstimmung mit dem für die Exponate erforderlichen bzw. maximal verträglichen Licht kombiniert. Ergebnis ist eine konstante Lichtwirkung – ganz gleich, wie viel Tageslicht einfällt. Getragen wird dieser perforierte Himmel von zwölf schlanken Stahlbetonstützen und den umlaufenden Stahlbetonaußenwänden.

Die Aufwölbung der Deckenschale wird von außen als ein fester Bestandteil der Topografie des neuen Gartens wahrgenommen. Sie wirkt verblüffend und selbstverständlich zugleich und stärkt das Städel in seiner übergreifenden architektonischen Identität. Die begrünte Aufwölbung hat die Kraft, einen eigenständigen Beitrag zur Architektur des historischen Städel-Komplexes zu leisten. Die Trennung zwischen Haus und Garten wird auf subtile Art aufgehoben. Durch die Verlängerung des Raumkontinuums bis in den Garten hinein kann dieser zudem als erweitertes Museumsfoyer begriffen werden. Die anwendungsbezogene technische Forschung half dabei, bestmögliche Ergebnisse zu erzielen. Die hier erarbeiteten Erkenntnisse sind auch auf spätere Projekte, wie die unterirdische Erweiterung der Mannheim Business School, übertragbar.[5]

6-7 | schneider+schumacher die welle Schnittansicht und Grundriss Frankfurt 2016

MATERIALFORSCHUNG Für das im Januar 2016 fertiggestellte Projekt ‚die welle' hat schneider+schumacher im Vorfeld einige Forschungen im Bereich Material betrieben. Der Bauherr wünschte eine Neugestaltung der Außenanlage zur Aufwertung des Bürokomplexes ‚die welle' nahe der Alten Oper in Frankfurt am Main. Ziel dabei war es, den Mietern eine Umgebung zu schaffen, in der sie sowohl arbeiten, als auch entspannen können. Die Skulptur gliedert die Grundfläche der Außenanlage in begrünte, wasserführende und befestigte Bereiche (Abb. 6-7).

Wichtig im Hinblick auf planungs-, bau- und bodenrechtlichen Gegebenheiten war der Umstand, dass rund 90 % des Außengeländes von einer Tiefgarage unterbaut sind. Deshalb musste auf die Tragfähigkeit des Bodens und das Gewicht der Skulptur ein besonderes Augenmerk gelegt werden. Die Wahl des Materials wurde neben den Kosten und der Baustellendauer auch von diesem Umstand mitbestimmt. Aluminium erwies sich aus Gewichtsgründen, aber auch bezüglich der Dauerhaftigkeit und im Hinblick auf zukünftige Wartungsarbeiten als die praktikabelste Lösung. Die Materialforschung an sich fand im Büro von schneider+schumacher innerhalb der Planungsgesellschaft, der Parametrik und des Bau- und Projektmanagements statt. Über diese Gesellschaften wurde eine Tabelle angefertigt, welche Holz, Ortbeton, Betonfertigteil und Aluminium in Hinblick auf verschiedene Faktoren verglich. Wichtig hierfür waren das jeweilige Gewicht, die Fertigungs- und Montagezeit, der Zeitraum der Baustelleneinrichtung sowie die Kosten. Dem Bauherrn war es besonders wichtig, im Hinblick auf die Zufriedenheit der Mieter die Baustellenzeit so gering wie möglich zu halten, er legte deshalb großen Wert darauf, dass die Freiraumskulptur weitestgehend im Werk angefertigt werden konnte. Nachdem Ortbeton

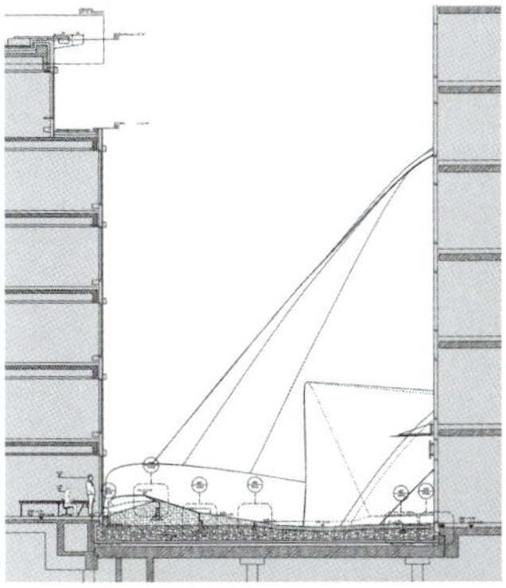

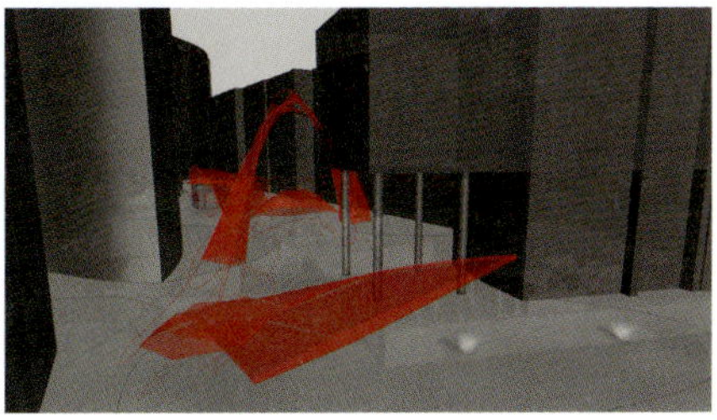

8-11 | schneider+schumacher die welle Schnitt Ansicht Fertigungsprozess und Planungsdarstellung Frankfurt 2016

und Betonfertigteil aufgrund des Gewichts, der langen Baustellenzeit und des Preises ausgeschieden waren, stand die Wahl zwischen dem leichten und zumindest auf den ersten Blick kostengünstigen Material Holz und dem in beiden Fällen minimal schlechter ausfallenden Aluminium. Da in Anbetracht der Wartungskosten Holz insgesamt etwas schlechter als Aluminium abgeschnitten hat, entschied sich der Bauherr abschließend für Aluminium. Aufgrund der Vorleistungen des Büros im Bereich der Materialforschung konnte man so dem Bauherrenwunsch bestmöglich entgegenkommen und zusätzlich eine im Vergleich dauerhaft kostengünstige Lösung für die Materialwahl finden (Abb. 8-11). Wie sich zeigt, sind Forschungen in anwendungsbezogenen Bereichen nicht selten. Hierüber können Architekten und Planer passende Lösungen finden, die auch nach Beendigung der Bauaufgabe einen Mehrwert für neue Projekte bieten.[6]

TYPOLOGISCHE UND BAUWIRTSCHAFTLICHE FORSCHUNGEN

Die neuesten Forschungen, die innerhalb des Büros schneider+schumacher betrieben werden, liegen im Bereich des sozialen Wohnungsbaus. Vor allem in den Ballungsgebieten der Städte werden die Mieten teurer und die Wohnraumknappheit größer. Der Druck auf die Wohnungswirtschaft und Investoren zur Schaffung von kostengünstigem Wohnraum steigt stetig an, nicht zuletzt aufgrund aktueller weltpolitischer Entwicklungen. Da die Frage des Wohnungsneubaus durch die Aufgabe des sozialen Wohnungsbauprogramms in Deutschland nicht mehr in staatlicher Hand, sondern Aufgabe der Wohnungswirtschaft

12 | schneider+schumacher Sozialer Städtebau Schwarzplan Frankfurt 2016

ist, besteht nun seitens der Bauträger und Investoren ein Handlungsbedarf, das Segment des kostengünstigen Wohnungsbaus abzudecken. Einerseits ist es notwendig, erschwinglichen Wohnraum bereitzustellen, andererseits ergeben sich auf planerischer Seite neue Herausforderungen. Um erschwingliche Preise im Wohnungsbau zu erzielen, müssen Standardisierungen in der Bauweise sowie in Arbeitsabläufen festgelegt und Materialien mit einem auf die Bauaufgabe optimierten Preis-/Leistungsverhältnis gefunden werden.

schneider+schumacher beschäftigt sich zurzeit im Auftrag der ABG Frankfurt Holding mit dem Thema ‚kostengünstiger Wohnungsbau'. Das Büro hat ein Grundstück in Frankfurt-Oberrad zugeteilt bekommen und forscht und entwickelt nun ein Bauprojekt, welches dem Kriterium einer Vermietbarkeit für unter 10€ pro qm Wohnfläche entspricht.

Ziel des Büros ist die Realisierung eines Leuchtturmprojektes für kostengünstigen, qualitativ hochwertigen Wohnungsbau. Es soll ein Wohnungsbautypus entwickelt werden, der sich für die kostengünstige Realisierung eignet und sich in unterschiedlicher Form auf verschiedenen Grundstücken realisieren lässt, somit also auch auf andere Situationen anwendbar ist (Abb. 12). Deshalb stand von Beginn an fest, dass der Wohnungsbautypus möglichst kompakt sein muss und trotz seiner Festlegung auf einen Grundtypus insoweit variabel sein sollte, dass er auf eine maximal zu erreichende Ausnutzung unterschiedlicher Grundstücke anwendbar ist.[7]

Zu Beginn der Bearbeitung wurden zunächst folgende Aspekte betrachtet: Für die Gebäude galten die Kriterien einer größtmöglichen Ausnutzbarkeit von Grundstücken. Die Gebäudeform sollte aus diesem Grund kompakt sein. Für die Raumkriterien wurden Raumgrößen und -höhen in Bezug gesetzt sowie Öffnungsgrade der Fassade festgelegt. Einen weiteren Fokus legte man zudem auf eine hohe Flexibilität. Im Bereich der Konstruktion

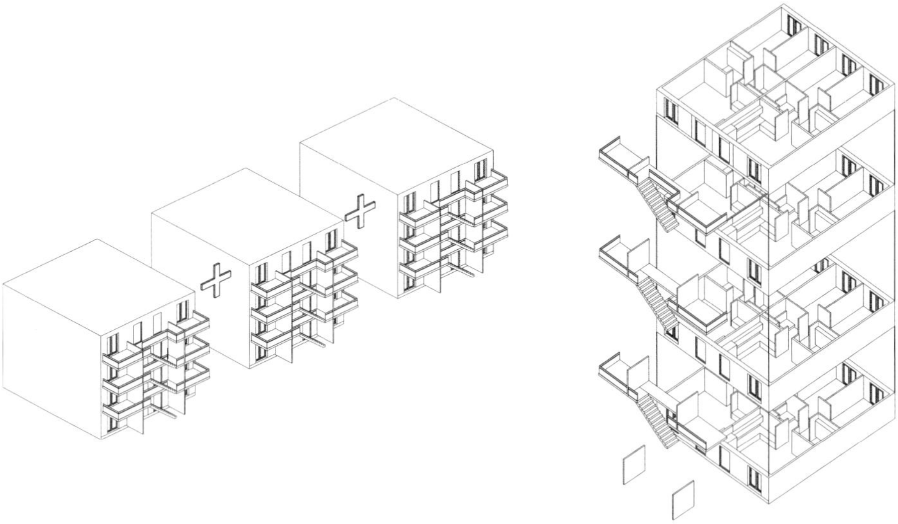

13 | schneider+schumacher Sozialer Städtebau Modulares additives Prinzip Frankfurt 2016

galt das Augenmerk insbesondere Maßnahmen der Rationalisierung in Bezug auf die Bauweise (zum Beispiel Massiv, Schotten, Skelett), den Einsatz von Fertigteilbauweisen, Serienbauteilen, Industrieprodukten und Deckenspannweiten/Achsraster. Darauf aufbauend wurde ein Grundmodul für den kostengünstigen Wohnungsbau entwickelt, welches auf einem modularen Prinzip fußt, dem ein Grundbaustein mit zwei Wohneinheiten zugrunde liegt. Der Wiederholungsfaktor in den Wohneinheiten ruft dabei eine Kosteneffizienz hervor. Auch die Flächeneffizienz ist eine weitere wichtige Grundlage. Diese soll über eine möglichst hohe Kompaktheit, die Minimierung der inneren und äußeren Erschließung mit weitestgehendem Verzicht auf Flurraum und außenliegende Treppe sowie über ein beheizbares Volumen erzielt werden. Das entworfene ‚Modell' bietet große Variabilität trotz der Standardisierung, wodurch es an den standortspezifischen Markt anpassbar ist. Das Tragwerk als Wohntrennwandsystem trägt zur statischen Optimierung bei. Einfache technische Lösungen bewirken eine effiziente Haustechnik.

Diese von schneider+schumacher erarbeitete Strategie wird von folgenden Grundsätzen begleitet: Ein kompaktes, reduziertes Architekturkonzept, welches trotzdem ein qualitativ hochwertiges Raumangebot bietet. Eine materialoffene Planung wurde durch die Erstellung eines Bauteilkataloges mit Darstellung der Bauteile und Beschreibung der technischen, statischen und architektonischen Anforderungen erreicht. Die Integration von industriell vorgefertigten Elementen und Fertigzellen, beispielsweise für Sanitär, Treppen und für besonders kostenintensive Bauteile wird verbunden mit materialoffenen Ausschreibungen und Angebotseinholung unter Vergleich der Varianten nach Material, Bauweise und Vorfertigungsgrad. Danach erfolgte eine umfangreiche Auswertung der Firmenangebote sowie die Ermittlung eines Marktbildes in Bezug auf Materialität, Bauweisen und Vorfertigung für den Wohnungsbau. Dieser Forschungsprozess bestand aus Recherchen, Variationen, Synthesen und Entscheidungsfindung.

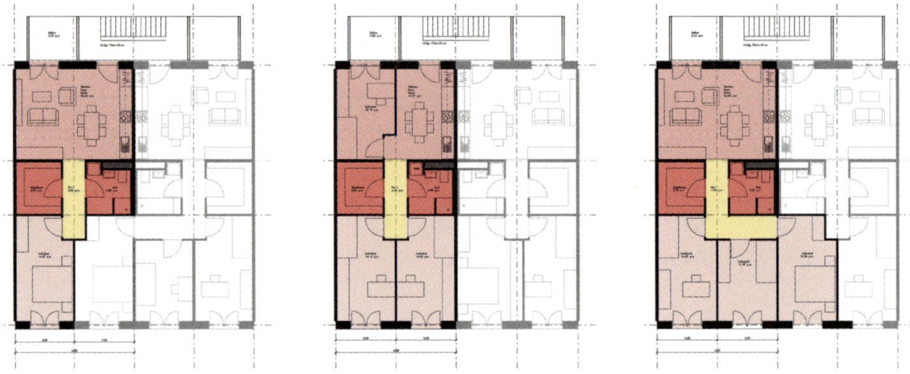

14 | schneider+schumacher Sozialer Städtebau Flexible Grundrissgrößen Frankfurt 2016

Das Ziel eines kostengünstigen Wohnungsbaus, welches dem Kriterium einer Vermietbarkeit unter 10€ pro qm Wohnfläche entspricht, wurde letztlich durch einen kompakten, in der Horizontalen und Vertikalen addierbaren Wohnungstypus mit einer Zweispänner-Erschließung erreicht (Abb. 13). Die jeweils zu einer modularen ‚Einheit' gehörenden zwei Wohnungen werden über ein außenliegendes Treppenhaus erschlossen, welches das beheizbare Bauvolumen auf die vermietbare Wohnfläche begrenzt. Die Spiegelung des Wohnungsgrundrisses trägt weiterhin zur Konzentration der haustechnischen Versorgung und Erschließung bei. Die einzelnen Wohnungen sind in einem Vier-Raum-System angelegt, welches unter anderem eine neutrale Raumnutzung und trotz additiven Systems eine flexible Wohnungsgröße ermöglicht, da jeweils ein Raum aus der gespiegelten Wohnung hinzugeschaltet oder abgetrennt werden kann, somit also eine Vier- bzw. Zweizimmerwohnung entsteht (Abb. 14). Bei der Planung verzichtete man weitestgehend auf flächenintensive Zusatzangebote. Trotzdem wurden in vielen Fällen Alternativen berücksichtigt. So stehen den Mietern einzig bei Bedarf Tiefgaragenplätze zur Verfügung. Anstelle eines Kellers wurden Abstellflächen in die Wohnungen integriert. Balkone sind direkt an den Treppenraum angegliedert. Hierbei sieht man, dass in der Planung alle ausschlaggebenden Parameter auf das Wesentliche reduziert wurden, ohne dabei räumliche Qualitäten aufzugeben.

Wie an den drei Beispielen gut zu sehen ist, ist das Forschen an sich kein passiver Vorgang, bei dem zufällig Ergebnisse erzielt werden, sondern eine zielgerichtete und systematische Suche nach neuen Erkenntnissen. In der Architektur ist Forschung meist anwendungsbezogen, also wesentlich stärker mit konkreten Projekten verknüpft als das beispielsweise in den Geisteswissenschaften der Fall ist. Die Forschung ist keine rein theoretische Disziplin, sondern besitzt eine ebenso hohe Relevanz in anwendungsbezogenen Bereichen wie zum Beispiel der Baupraxis. Aus den architektonischen Vorstellungen heraus entsteht der Forschungsbedarf.

ANMERKUNGEN **1** Michael Schumacher/Oliver Schaeffer/Michael-Marcus Vogt, move. Architektur in Bewegung. Dynamische Komponenten und Bauteile, Birkhäuser: Basel/Boston/Berlin 2010; exemplarisch für bewegliche Teile in der Architektur ist der im Jahr 2004 im Rahmen eines Wettbewerbs für ein Hotelhochhaus im Iran entstandene Entwurf von schneider+schumacher für das Blossom Hotel auf Kish Island zu nennen. **2** Auszug aus dem Protokoll des Preisgerichtes, unter Vorsitz von Louisa Hutton von Sauerbruch Hutton, über den Entwurf von schneider+schumacher vom 18.02.2008, Frankfurt/Main: „Ein leuchtendes Juwel am Tag, ein Lichtteppich in der Nacht - etwas ganz Besonderes ist den Architekten mit der Erweiterung des Städel Museums gelungen. Sie setzen ein zugleich subtiles wie markantes, ja starkes, ein flächendeckendes Zeichen, das sich selbstbewusst in den städtebaulichen Kontext einfügt. Es ist gerade die Zurückhaltung in der Architektur, die Inszenierung, die der Authentizität des Ortes Achtung entgegenbringt und dem baulichen Umfeld die Luft zum Atmen lässt. [...] Gelungen ist den Architekten dieser überzeugende Wurf durch Verzicht auf plakative Gesten und überflüssige Attribute, durch Konzentration auf das Wesentliche und Stringenz in der Umsetzung. So beschränken sich die Eingriffe im Gartenflügel auf die innere Organisation im Bereich des Haupttreppenhauses. Es behält seine zentrale Erschließungsfunktion, Aufweitungen sorgen jedoch für Großzügigkeit, klare Orientierung, eindeutige Wegeführung. Die zentrale Achse vom Haupteingang bindet wie selbstverständlich die neuen Ausstellungsbereiche in das Raumkontinuum ein. [...] Das Raumprogramm ist erfüllt, die funktionale Zuordnung optimal und die gewünschte Flexibilität in hohem Maße gewährleistet. Die technische Realisierbarkeit ist einfach und überdies ist der Bau nahezu vollständig unabhängig vom Betrieb abzuwickeln - ein großes Plus, da die Bevölkerung nicht über längere Zeit auf das Städel wird verzichten müssen. [...] Frankfurt erhält nicht nur ein besonderes, ein einzigartiges neues Ausstellungsgebäude, sondern darüber hinaus eines, das als ‚green building' auf der Höhe seiner Zeit ist." **3** ibid. **4** Zu den Fachdisziplinen zählten unter anderem die Tragwerksplanung, Haustechnik, Bauphysik, Lichtplanung und Fassadenberatung. **5** schneider+schumacher, Neubau eines Studien- und Konferenzzentrums am Ehrenhof Westflügel/Schloss Mannheim, Mannheim Business School, Fertigstellung 2017, Mannheim. **6** Im Falle ‚der welle' wurde ein Definitionssystem erarbeitet, das als integratives parametrisches Design bezeichnet wird. Hierbei werden Materialabhängigkeiten und Form parallel geprüft. Anschließend erhalten die entsprechenden Firmen für den Herstellungsprozess die fabrikationsprozessabhängigen Daten aus der 3D-Geometrie. Im Falle ‚der welle' war dies die Firma Arnold Umformtechnik, die die Aluminiumbleche in die exakte Form brachte. **7** Als Literaturhinweis für die grundlegende Forschungsarbeit lässt sich auf die Grundrissfibel Wohnbauten verweisen: Amt für Hochbauten der Stadt Zürich (ed.), Grundrissfibel. Wohnbauten, Zürich: Hochparterre 2015

EXPERIMENTIEREN IN DER PRAXIS

Verena Brehm

Das Experimentieren wird umgangssprachlich für gewagte oder unerprobte Vorhaben benutzt, bei denen auch Risiken und Überraschungen in Kauf genommen werden. In den Wissenschaften ist das Experiment ein etabliertes Verfahren zur Überprüfung angenommener Gesetzmäßigkeiten und Kausalbeziehungen in der Umwelt.[1] Das Experiment wird häufig dann eingesetzt, wenn deduktive Verfahren bzw. Ableitungen von anerkannten Theorien bei der Lösung einer Fragestellung nicht weiterhelfen. So sind Experimente im Vergleich zu anderen wissenschaftlichen Methoden häufig dadurch charakterisiert, dass sie etablierte Vorstellungen infrage stellen, durch unkonventionelle Hypothesen geleitet sind, alternative bzw. neue Verfahren erproben möchten sowie unerwartete und auch unbrauchbare Ergebnisse akzeptieren.[2] Anders als das umgangssprachliche Verständnis suggeriert, ist das wissenschaftliche Experiment methodisch basiert – also ‚planvoll' –, um die Objektivität und intersubjektive Nachvollziehbarkeit forschenden Erkenntnisgewinns zu sichern: Es ist eine zielgerichtete und durch eine Fragestellung geleitete Vorgehensweise, strukturiert in Phasen oder Arbeitsschritten, in denen gezielt Werkzeuge, Techniken oder Instrumente eingesetzt werden, um systematisch Teilergebnisse zu erarbeiten. Schließlich kann man sagen, dass experimentelle Vorgehensweisen nicht nur als risikoreich und gewagt bewertet werden, sondern auch als kreativ und zur Entdeckung von Innovation geeignet gelten.[3]

Das Experimentieren in der Architektur entzieht sich bislang einer eindeutigen Definition.[4] Der Blick in die Wissenschaftsgeschichte und -theorie trägt zum Begriffsverständnis bei, zeigt aber auch, wie wenig universell und ahistorisch diese Praktik ist.[5]

Die folgende Skizze nähert sich der Praktik des Experimentierens aus der Perspektive der Büropraxis im Bereich Architektur und Städtebau. Das Experimentieren findet hier unter den Alltagsbedingungen der Disziplin statt – nicht als Laborsituation, sondern als Realexperiment, das kontextual geprägt ist: Freiräume zum Querdenken, zur Erprobung neuartiger Konzepte, Arbeitstechniken und Darstellungsformate müssen in Projektstrukturen integriert oder in Eigenregie durchgeführt und finanziert werden. Anhand der Arbeitsweise der Partnerschaft CITYFÖRSTER architecture + urbanism sollen beispielhaft Konzepte und Techniken aufgezeigt werden, die als experimentell bezeichnet werden können.

Das Experimentieren wird hier als Arbeitsmodus vorgestellt, der über vielfach erprobte Entwurfsmethoden – wie beispielsweise das an Typologien orientierte Entwerfen – hinausgeht, der neue Arbeitstechniken (er)findet oder aus anderen Disziplinen adaptiert.

Das Büro CITYFÖRSTER architecture + urbanism firmiert als Partnerschaftsgesellschaft mit zehn geschäftsführenden Partnern und Standorten in Berlin, Hamburg, Hannover und Rotterdam. In wechselnden, auch standortübergreifenden Teams werden Projekte aus den Bereichen Stadtplanung, Städtebau und Architektur bearbeitet. Die Arbeitsfelder gliedern sich in die Bereiche Wohnen, Arbeiten, Lernen und Stadt. Bereits in frühen Bearbeitungsphasen wird die interdisziplinäre Projektarbeit – unter anderem mit Klimaingenieuren, Materialexperten, Landschaftsarchitekten, Regional- und Freiraumplanern, Zukunftsforschern – gepflegt. Das Team vertritt eine Haltung und Herangehensweise, die durch neue Arten der Zusammenarbeit geprägt und durch das Umsetzen unkonventioneller Ideen motiviert ist. Dabei geht es nicht um das Entwerfen von Utopien, wie es die experimentelle Architektur der 1960er und 1970er Jahre vormacht.[6] Vielmehr ist es das Ziel, brauchbare Inventionen in realisierbare Projekte zu überführen. Dies ist durch die einfache Feststellung begründet, dass die Weisen des urbanen Lebens, Wohnens, Lernens und Arbeitens in stetigem Wandel begriffen sind und dementsprechend ihre Architekturen immer wieder neu konzipiert, entworfen, geplant und gebaut werden müssen. Das Ziel des ‚Anders-Machens' von Architektur ist so gesehen ein Beitrag zu gesellschaftlicher Innovation – durch architektonische Erneuerungen. Darüber hinaus werden seitens der Auftraggeber immer wieder Aufgaben formuliert, die mit tradierten Entwurfsansätzen nicht zielführend bearbeitet werden können. Das Team von CITYFÖRSTER setzt sich projektübergreifend mit transdisziplinären Entwicklungsthemen – unter anderem demografischer Wandel, Energie und Ressourcen, Wissensgesellschaft, Urbanisierung – auseinander, um zukünftige Anforderungen an Architektur im Blick zu behalten. Projektübergreifende Fragestellungen betreffen die Konzeption neuer Wohnformen sowie Arbeits- und Lernsituationen im Hinblick auf das Finden neuer Standorte, programmatischer Kombinationen, Gestaltungs- und Bauweisen oder auch alternativer Stadtentwicklungsprozesse. Dieser Ansatz verändert selbstverständlich auch den Entwurfs- und Planungsprozess und macht das Testen von unerprobten Vorgehensweisen bzw. das Erfinden neuer Arbeitstechniken notwendig, die im Folgenden beispielhaft skizziert werden.

RASTERFAHNDUNG Die ‚Rasterfahndung' ist eine Analysetechnik zur ganzheitlichen Erfassung größerer Stadt- oder Landschaftsräume, die wir im Rahmen verschiedener Stadtentwicklungskonzepte einsetzen[7] (Abb. 1): Eine gleichmäßig gerasterte Karte bestimmt die zu besichtigenden Orte des Analyseraumes. Die zufällige Bestimmung dieser

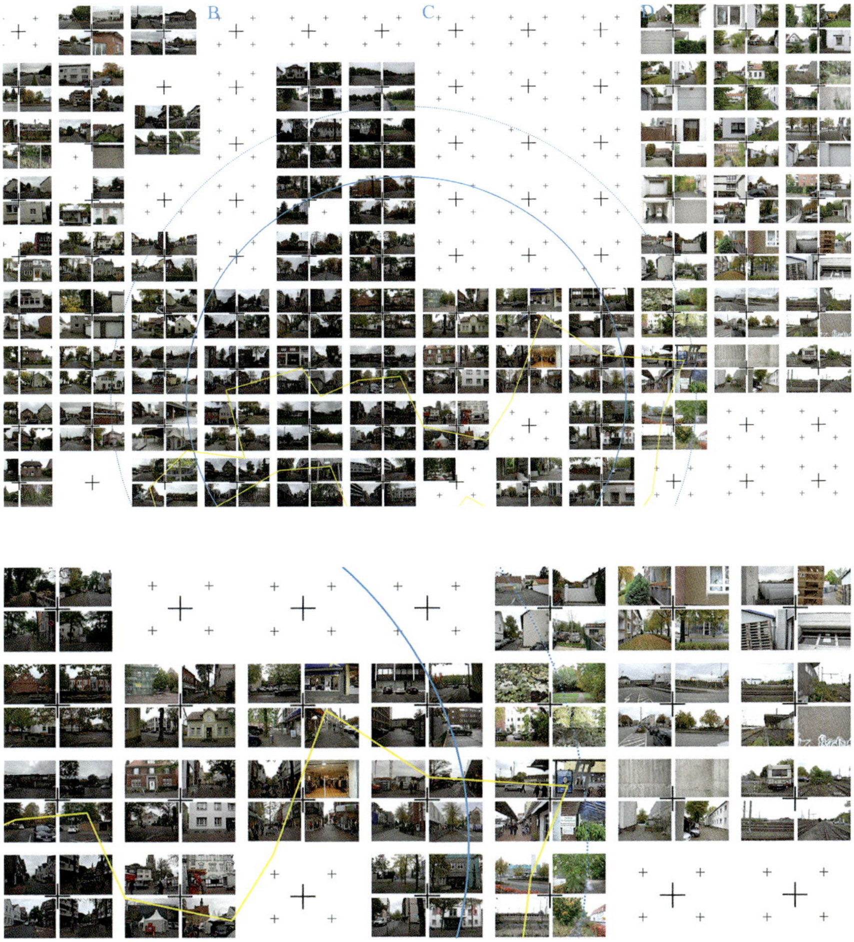

1 | CITYFÖRSTER + Urbane Gestalt Analysetechnik der Rasterfahndung Gütersloh 2013

Orte vermeidet eine Konzentration auf das Prominente und führt zur Entdeckung der unscheinbaren, auch vergessenen Bereiche. Durch das Finden der Route per Auto, Fahrrad und zu Fuß ergeben sich gleichzeitig Rückschlüsse über die Qualität der Verbindung der verschiedenen Teilbereiche. Die Orte werden fotografisch dokumentiert und systematisiert zu einer Gesamtcollage zusammengesetzt. Die Ergebnisse der ‚Rasterfahndung' sind häufig für Ortskundige überraschend, da der Gesamtraum egalitär dargestellt wird. Die Rasterfahndung stellt eine systematisierte, planvolle und übertragbare Variante der Ortserkundung mit klar nachvollziehbaren Ergebnissen dar und kann daher als forschende Analysetechnik bezeichnet werden. Darüber hinaus fördert die Technik den für das kreative Denken wichtigen Perspektivwechsel durch den Blick auf das Unscheinbare.[8] Für das Entwerfen ergibt sich der Vorteil einer objektiven Anschauung des Gesamtraumes, des Erkennens von leicht übersehbaren Raumpotentialen und von Impulsen für Imagination und Assoziation.

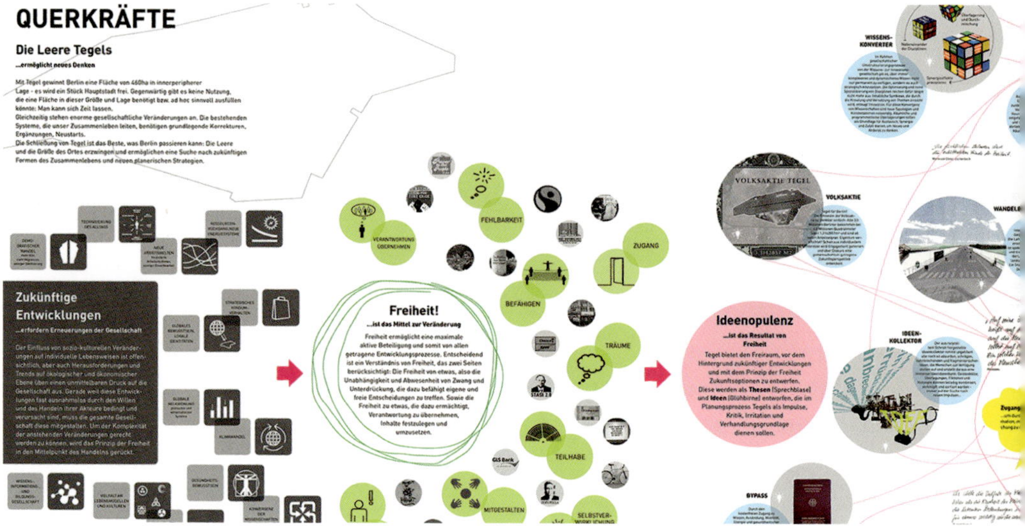

QUERDENKEN + SZENARIENENTWURF Im Jahr 2009 wurden wir durch die Senatsverwaltung für Stadtentwicklung Berlin zu einem Verfahren eingeladen, bei dem in einem kooperativen Prozess sechs interdisziplinäre Teams beauftragt wurden, thematisch verschiedene, auch gegensätzliche Entwicklungsperspektiven für die Nachnutzung des Flughafengeländes Tegel in Berlin zu entwerfen.[9] Die Aufgabenstellung ‚Querdenken' erforderte das Finden einer angemessenen Arbeitstechnik, die wir in Anlehnung an die ‚Szenariotechnik' der Zukunftsforschung adaptiert haben:[10] Methodisch wurde interdisziplinäres Wissen zu globalen Entwicklungen (Megatrends) mit den spezifischen Potentialen und Defiziten Berlins verbunden. Davon ausgehend wurden Entwicklungsthesen aufgestellt, die die Konzeption möglicher Zukünfte leiteten. Die Szenarien konnten so als konsistente Geschichten aus der Zukunft erzählt werden, als begründete Hypothesen zu Entwicklungsmöglichkeiten. Die Studie ‚Querkräfte' illustriert ein Planungsparadigma, das nicht mehr an die eine beste Lösung glaubt, sondern eine Spannweite optionaler Zukünfte für das Flughafengelände formuliert.[11] Es wurden nicht nur naheliegende, sondern auch solche Szenarien entworfen, die zunächst unrealistisch scheinen, aber als alternative Wirklichkeit mit erheblichen Konsequenzen verbunden wären (‚Wildcards'). Insgesamt sind 42 Ideen entstanden, die neue Planungsinstrumente vorschlagen, Testfelder mit geringer (bau)rechtlicher Regulierung illustrieren, neue öffentliche Einrichtungen wie das Parlament der Generationen entwerfen oder alternative Einnahmequellen für das finanzschwache Berlin skizzieren (Abb. 2).

2 | CITYFÖRSTER + Urbane Gestalt Querkräfte Tegel Berlin 2009

KONZEPTTRANSFER + TESTENTWURF In vergleichbarer Weise machte der Auftrag der Stadt Bielefeld und ihrer Wirtschaftsförderungsgesellschaft, einen ‚Cradle-to-Cradle (C2C) Gewerbepark' zu konzipieren, die Erprobung alternativer Arbeitstechniken notwendig.[12] Das Konzept Cradle-to-Cradle (C2C) nach Michael Braungart und William McDonough basiert auf der Idee einer Kreislaufwirtschaft, in der Ressourcen nicht verbraucht, sondern kontinuierlich und ohne Qualitätsverlust weiterverwendet werden.[13] Basierend auf diesem Konzept wird die Bielefelder Studie durch den Anspruch geleitet, Gewerbegebiete als integrierte Stadtbausteine zu entwickeln – offen für Anwohner, gut gestaltet, mit Aufenthaltsqualitäten, Versorgungs- und Freizeiteinrichtungen und basierend auf einer funktionierenden Kreislaufwirtschaft. Die C2C-Konzeption von Braungart und McDonough musste methodisch für den Entwurf von Städtebau, Architektur und Freiraum von Gewerbegebieten adaptiert werden: Die drei wichtigsten Prinzipien der C2C-Konzeption ‚1. Herstellen von Kreisläufen (Abfall ist Nahrung)', ‚2. Nutzung erneuerbarer Energien', ‚3. Unterstützung von Diversität' wurden in passende Entwicklungsleitsätze und Handlungsempfehlungen für die Planung, Umsetzung und das Management von ‚C2C-inspirierten Gewerbeparks' übersetzt:[14] Dazu gehören unter anderem die Leitsätze ‚Reversibel bauen, um das Gesamtgebiet im Kreislauf zu konzipieren', ‚Wasser- und Materialkreisläufe für die Erstellung und den Betrieb von Gebäuden, Freiraum und Infrastruktur herstellen', ‚erneuerbare Energien im Mix, lokal und integriert generieren' oder auch ‚das Gebiet partizipativ entwickeln und betreiben'. Das umfangreiche Regelwerk aus neun

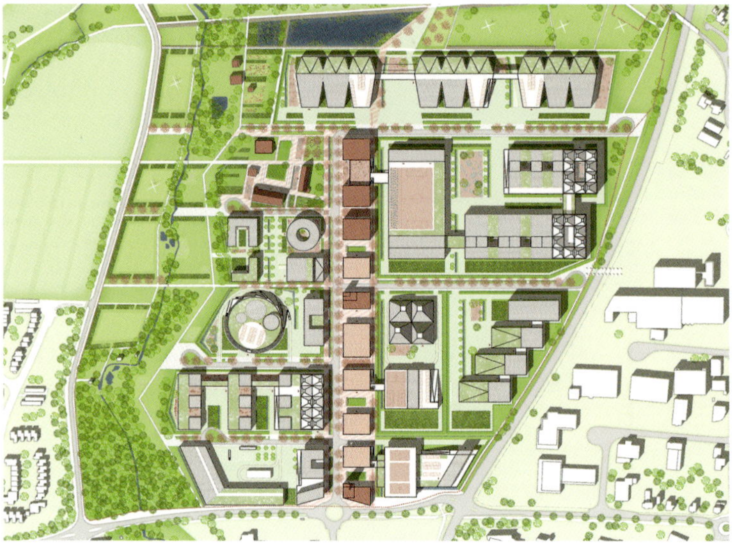

3 | CITYFÖRSTER + Urbane Gestalt C2C Gewerbe Testentwurf für einen Gewerbepark Bielefeld 2015

Leitsätzen und 27 Handlungsempfehlungen dient als Entwurfsgrundlage für den Neubau oder die Transformation bestehender Gewerbeparks. Das Regelwerk wurde durch einen Testentwurf für ein konkretes Gebiet in Bielefeld erprobt, ergänzt und im Hinblick auf die Übertragbarkeit des Ansatzes geschärft (Abb. 3). Der beschriebene Konzepttransfer als experimentelle Praktik hat bei diesem Projekt zu einem neuen städtebaulichen Gebietstypus und Prototypen für Gebäude und Freiraum geführt. Gleichzeitig wurde die Notwendigkeit verdeutlicht, die Planung, Erstellung und den Betrieb C2C-inspirierter Gewerbegebiete als Gesamtprozess zu entwerfen, um die verschiedenen Phasen des kreislaufbasierten Konzeptes berücksichtigen zu können.

STANDORTEXPERIMENT + PROTOTYP Eine Idee, die unser Büro seit der Gründung im Jahr 2005 begleitet, ist die Erschließung von ‚Brachen über den Dächern der Stadt'. Die großen Dachflächen von Kauf- und Parkhäusern können als Funktionsbrachen der monofunktional, da größtenteils kommerziell genutzten Citylagen interpretiert werden (Abb. 4). Eine Besiedelung würde diese Flächen gestalterisch und programmatisch aufwerten und Wohnraum in bester Lage schaffen. Über städtebauliche Studien und Gebäudeentwürfe haben wir das Potential der Besiedelung erforscht – ohne die Option

4 | CITYFÖRSTER Dachflächen als Funktionsbrachen in Citylagen Hannover 2015

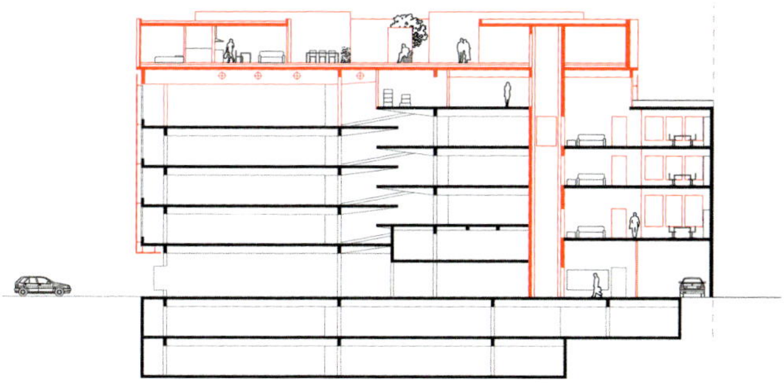

5 | CITYFÖRSTER Wohnkrone Prototypische Bebauung einer Dachfläche Hannover 2016

auf eine Umsetzung. Erst 2012 wurde ein Wettbewerb für die Sanierung und Aufstockung eines Bestandsparkhauses in der Hannoveraner Innenstadt ausgelobt: Nach erfolgreicher Teilnahme haben wir anschließend eine prototypische Bebauung – die ‚Wohnkrone' – entwickelt, die im Sommer 2016 fertiggestellt wurde (Abb. 5-8).[15] Erst durch die Umsetzung dieses Prototypen – gewissermaßen als Realexperiment – hat die Gesamtstudie ihre Brauchbarkeit erwiesen und eine Dynamik entwickelt: Als ‚Versuchsreihe' können wir die Studie anhand weiterer Aufträge in Hannover und Berlin vertiefen.[16]

6-7 | CITYFÖRSTER Wohnkrone Foto Außenansicht und Innenraumsituation Hannover 2016

Das Experimentieren ist in der Arbeitsweise von CITYFÖRSTER insbesondere durch die Erprobung ungewöhnlicher Entwurfs- und Planungstechniken – wie Rasterfahndung, Szenarienentwurf, Konzepttransfer – charakterisiert. Das Ziel sind zumeist Erneuerungen bestehender Situationen, wie die Erschließung neuer Standorte oder die Weiterentwicklung städtebaulicher oder architektonischer Typen. Für die weitere Arbeit stellt sich die Aufgabe, diese Techniken als Bestandteil einer ‚bürotauglichen' Forschung systematisiert zu verbessern. Dabei geht es unter anderem darum, die Techniken (unter anderem für Mitarbeiter) einfach anwendbar und (unter anderem für Auftraggeber) verständlich zu machen – beispielsweise durch das Anlegen textlicher und grafischer Vorgehensweisen (vergleichbar mit Versuchsanordnungen) oder von transferfähigen Darstellungsformaten. Der Blick in andere Disziplinen kann helfen, die Techniken methodisch zu verbessern oder auch neue Techniken zu adaptieren (vgl. Konzepttransfer). Die ‚Bürotauglichkeit' würde sich dadurch auszeichnen, dass der Mehrwert einer experimentellen Praktik gegenüber einer tradierten Vorgehensweise deutlich erläutert werden kann. Das erleichtert die Integration in reguläre Projektabläufe – ein vertiefender Diskurs zu der Frage, was experimentelle Praktiken in der Architektur sein können, würde dazu beitragen. Hinzu kommt das Kriterium der Umsetzbarkeit: Bürotauglich wäre eine experimentelle Vorgehensweise vorzugsweise, wenn ihre Ergebnisse ein anwendungsbezogenes Handeln unterstützen und sich möglichst direkt in Entwurfs-, Planungs- oder Bauprozesse einbinden ließen.

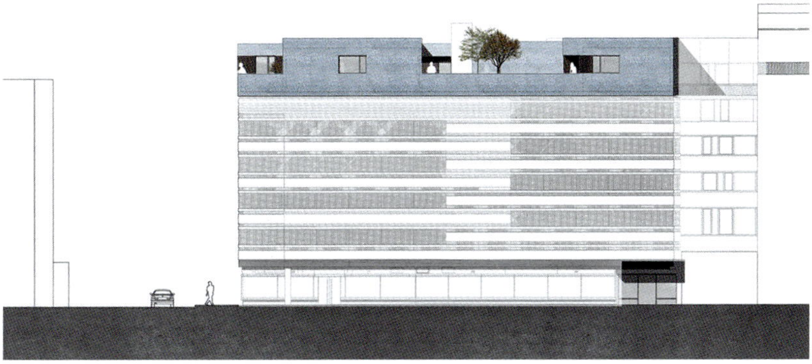

8 | CITYFÖRSTER Wohnkrone Ansicht Hannover 2016

ANMERKUNGEN **1** Günter Endruweit/Gisela Trommsdorff/Nicole Burzan (eds.), Wörterbuch der Soziologie, Konstanz et al.: UVK-Verlags-Gesellschaft 2014, 114-115 **2** Vgl. Peter Prechtl/Franz-Peter Burkard (eds.), Metzler Philosophie Lexikon. Begriffe und Definitionen, Stuttgart/Weimar: J.B. Metzler 1996, 158-159 **3** Vgl. Ulrich Röseberg/Nikos Psarros, Experiment, in: Hans Jörg Sandkühler, Enzyklopädie Philosophie. Bd. 1 / A–N, 1999, 376-379 **4** Vgl. Ákos Moravánszky/Albert Kirchengast (eds.) Experiments. Architektur zwischen Wissenschaft und Kunst, Berlin: jovis 2011; Daniela Karow-Kluge, Experimentelle Planung im öffentlichen Raum, Berlin: Reimer 2010 **5** Vgl. Melanie Hoffmann, Wissenskulturen, Experimentalkulturen und das Problem der Repräsentation, Frankfurt: Peter Lang. Internationaler Verlag der Wissenschaften 2011, 94-102; Alan F. Chalmers, Wege der Wissenschaft. Einführung in die Wissenschaftstheorie, Berlin et al.: Springer 2007, bsd. 25-34, 131-140, 155-157 **6** Vgl. Peter Cook, Experimental architecture, London: Studio Vista 1970; Marie-Ange Brayer, Architectures expérimentales 1950-2012. Collection du FRAC Centre, Orléans: Ed. HYX 2013 **7** u.a. Perspektiven Gütersloh, Integriertes Handlungskonzept inklusive Bürgerbeteiligungen für die Entwicklung der Innenstadt von Gütersloh bis 2020+, im Auftrag der Stadt Gütersloh, 2013, CITYFÖRSTER architecture + urbanism in Kooperation mit Urbane Gestalt Johannes Böttger Landschaftsarchitekten **8** Vgl. u.a. de Bono, Edward, De Bonos neue Denkschule, München: mvg Verlag 2010 **9** Teams und Themenstellungen: West 8 „Event, Freizeit, Sport" | MVRDV mit Topotek „Gewerbe + Industrie" | agence ter „Landschaft" | Machleidt mit Sinai + GRI „gemischtes Nutzungskonzept" | Gerkan, Marg + Partner mit AAC „Sustainable City TXL+" | CITYFÖRSTER mit Urbane Gestalt „Wildcard - Querdenken" **10** Vgl. z. B. Hannah Kosow/Robert Gaßner, Methoden der Zukunfts- und Szenarioanalyse. Überblick, Bewertung und Auswahlkriterien, Berlin: IZT 2008 **11** Querkräfte. Nachnutzungskonzept für das Flughafengelände Tegel, Berlin, Kooperatives Werkstattverfahren im Auftrag der Senatsverwaltung für Stadtentwicklung, 2009-12, CITYFÖRSTER architecture + urbanism in Kooperation mit Urbane Gestalt Johannes Böttger Landschaftsarchitekten und TRANSSOLAR Klimaingenieure; Grafik: Anna Lena Brinkmann **12** EU-INTERREG-IV B-Projekt „Cradle to Cradle Business Innovation & Improvement Zones. C2C-BIZZ", im Auftrag der Stadt und Wirtschaftsförderungsgesellschaft Bielefeld, 2014/15, CITYFÖRSTER architecture + urbanism in Kooperation mit Urbane Gestalt Johannes Böttger Landschaftsarchitekten, TRANSSOLAR Klimaingenieure und Imagine Envelope Materialforschung **13** Vgl. http://www.braungart.com/de/content/c2c-design-konzept 07.06.2016; Michael Braungart/William McDonough, Remaking the way we make things. Cradle to Cradle, New York: North Point Press 2002; id., Die nächste industrielle Revolution. Die Cradle to Cradle Community, Hamburg: Europäische Verlags-Anstalt 2008; http://epea-hamburg.org/de/content/die-drei-prinzipien 07.06.2016 **14** http://epea-hamburg.org/de/content/die-drei-prinzipien 07.06.2016 **15** CITYFÖRSTER architecture + urbanism, Wohnkrone Parkhaus Windmühlenstraße, Hannover, im Auftrag der Union Boden Hannover 2012-2015; Fassadengestaltung des Parkhauses: ASP Architekten Schneider Meyer Partnerschaft **16** CITYFÖRSTER architecture + urbanism, POPhouse, Erweiterung Parkhaus Mehlstraße, Hannover, Vorentwurf 2016, im Auftrag der Union Boden Hannover, und: Umnutzung und Aufstockung Parkhaus Briesestraße, Berlin, Werkstattverfahren „Urban Living" im Auftrag der Senatsverwaltung für Stadtentwicklung Berlin 2013/14, CITYFÖRSTER architecture + urbanism in Kooperation mit Mark Niehüser und Man Made Land

ZEICHNEN IN DER FORSCHUNG

Laura Kienbaum

Die zeichnerische Prüfung, Darstellung und Präsentation von Entwurfsideen zählt zu den elementaren Bestandteilen des Architekturberufs. Selten jedoch wird die Zeichnung als Mittel der Erkenntnisgenese thematisiert und reflektiert – weder im Entwurf selbst noch im Bereich der Forschung für oder über das Entwerfen.[1] Im Zusammenhang mit dem zunehmenden Interesse an entwurfsbezogener Forschung in Architektur und Städtebau sollen im Folgenden Potentiale und Grenzen der Zeichnung als architekturimmanentes Instrument der Forschung aufgezeigt werden. Was können eine Zeichnung oder der Akt des Zeichnens neben der Entwicklung und Darstellung von Entwürfen für die Architekturdisziplin und was können sie innerhalb der entwurfsbezogenen Forschung leisten?

Die folgende Annäherung an das umfassende Themengebiet geschieht aus einer architekturtheoretischen Perspektive und mit der Annahme, dass Gestaltungswissen in gebauten und bewusst gestalteten Objekten verkörpert ist und dieses Wissen für zukünftige Entwurfshandlungen nutzbar gemacht werden kann.[2] Entwurfsbezogene Forschung meint hier also das Untersuchen von Gestaltungs- und Wahrnehmungszusammenhängen als Grundlage entwerferischer Handlung. Die darin enthaltenen Möglichkeiten der zeichnerischen Analyse werden sowohl theoretisch behandelt wie auch an einem Untersuchungsbeispiel verdeutlicht.

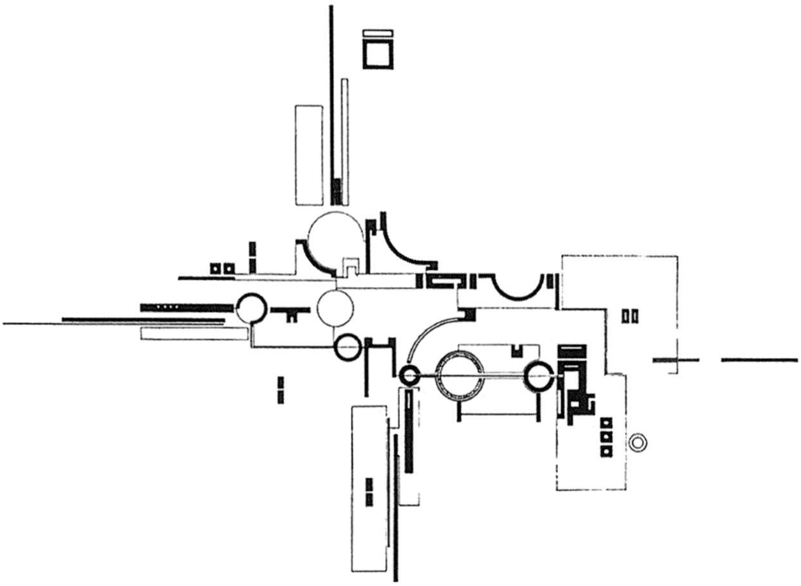

1 | Aldo Rossi Grundriss für eine Gießerei Ercolano 1964

ZEICHNUNGEN Zeichnungen in der Architektur sind Skizzen, Präsentationszeichnungen und Werkzeichnungen, aber auch Studienblätter, Nachzeichnungen und Illustrationszeichnungen für Ausbildungs- und Studienzwecke. Per Definition enthalten sie einen Aspekt der Vermittlung und Darstellung von Architektur auf einer zweidimensionalen Fläche, die Erkenntnisgenese ist kein Bestandteil allgemeiner Definitionen (Abb. 1).[3]

Architekturzeichnungen bestehen grundsätzlich aus ikonischen Zeichen von hohem Abstraktionsgrad, die sich zu einem allgemein verständlichen, auf einer geometrischen Grundlage basierenden Code zusammenfügen.[4] Für ihre Erstellung und damit die Erfassung von Raum stehen verschiedene Zeichnungssysteme zur Verfügung (Abb.2). Beispielsweise die eher schematischen Zeichnungen, die eine direkte Übertragung ohne Projektionsverfahren darstellen und sich durch das Weglassen ungewollter Informationen auszeichnen (zum Beispiel Karten, Piktogramme, einfache Symbole). Daneben gibt es die Parallelprojektionen, die einen Gegenstand maßstabsgetreu von verschiedenen Seiten oder Schrägseiten gesehen darstellen. Oder auch die Perspektiven, die zwar am ehesten dem natürlichen Sehvorgang entsprechen, aber durch das Fluchten aller Linien die realen Kantenlängen verzerren.

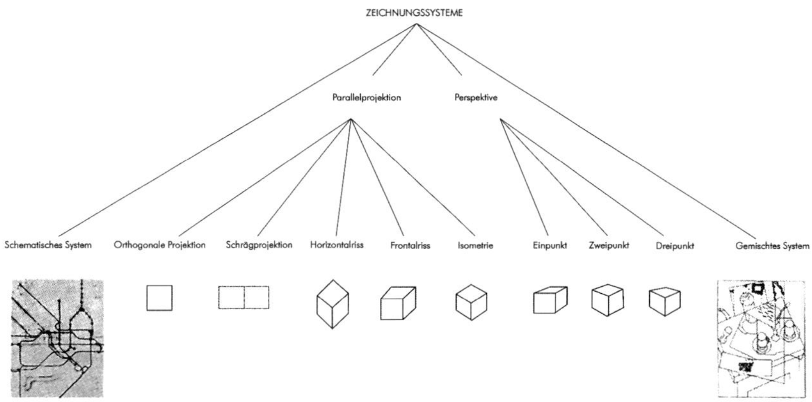

2 | Fred Dubery/John Willats Zeichnungssysteme unterschiedlicher Art 1983

Alle Zeichnungssysteme wandeln räumliche Verhältnisse aus der Wirklichkeit in topografische Bezüge auf der Bildfläche um. Diese Umwandlung kann einerseits rein objektiv und neutral geschehen (Parallelprojektion), oder subjektive Veranschaulichungen, Handlungsräume und gedachte oder erlebte Atmosphären einbeziehen (Perspektive). Je nach Aussageintention bieten sich also unterschiedliche Zeichnungstypen an.

IN DER ARCHITEKTURFORSCHUNG Schon immer waren Architekturzeichnungen ein Instrument der architekturgeschichtlichen Forschung. Skizzen und Studienzeichnungen werden verwendet, um Entwurfsprozesse nachzuvollziehen, Bauzustände zu dokumentieren oder nicht mehr vorhandene Bauten zu rekonstruieren. Auch Zeichnungen selbst sind Forschungsgegenstand; Entwurfszeichnungen und ganze Archive von Architekturschaffenden werden untersucht in Bezug auf erdachte Visionen und Fiktionen oder in ihrer Gesamtheit als Nachweis kreativer Schaffensprozesse und Entwicklungsstränge im Lebenswerk einzelner Personen.[5] Seit einigen Jahrzehnten werden Architekturzeichnungen zudem als künstlerische Ausdrucksform beforscht – in zahlreichen Publikationen werden die Zeichnungen aller Epochen seit der Antike wie auch einzelner bedeutender Architekten ausführlich vorgestellt.[6] Darüber hinaus gibt es

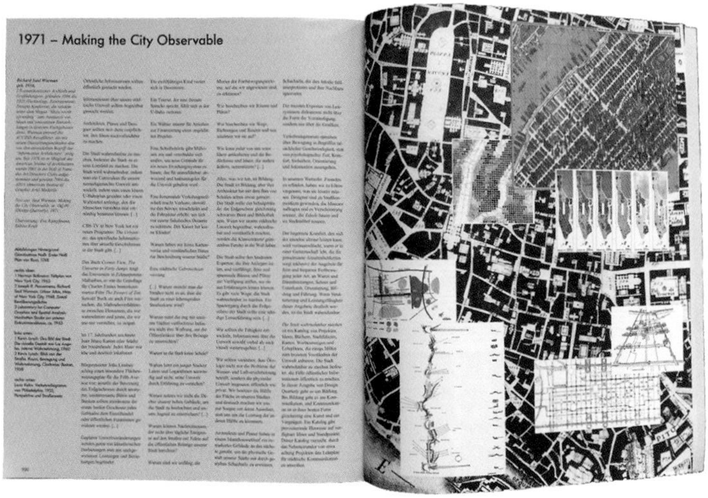

3 | Richard Saul Wurman Making the City Observable 1971

einige Überblickswerke und zusammenfassende Darstellungen.[7] Zu technischen Verfahren oder anderen Einzelaspekten der Architekturzeichnung lassen sich ebenfalls fundierte Untersuchungen finden.[8] Alle diese Ansätze betrachten einen Bereich, den man als traditionell ausgerichtete Architektur- oder Bildforschung bezeichnen kann.

In Bezug auf die Frage, welche Rolle die Zeichnung in der entwurfsbezogenen Forschung haben kann, liegen bislang keine Publikationen vor. Der Katalog ‚Making the City Observable' des US-amerikanischen Architekten und Grafikdesigners Richard Saul Wurman ermöglicht eine erste Annäherung an diese Fragestellung.[9] In den 1970er Jahren hat er die Idee, die Stadt mithilfe von kartographischen Auseinandersetzungen wahrnehmbar zu machen. Räumlich-abstrakte Zusammenhänge und Informationen über unsere Städte sollen von Architekten begreifbar gemacht werden. In diesem Zusammenhang stellt er verschiedene Architektur- und Stadtdarstellungen vor: den ersten Nolli-Plan von Rom, den dreidimensionalen Stadtplan New Yorks von Herman Bollmann, die analytischen Zeichnungen von Kevin Lynch über die Wahrnehmung von Raum in Bewegung oder die Verkehrsdiagramme Louis Kahns von Philadelphia (Abb. 3). Sie alle stellen analytische Zeichnungen dar. Sie bilden die Welt nicht einfach so ab: In ihrer Erstellung, also der Art, komplexe Zusammenhänge auf das Wesentliche oder einen bestimmten Untersuchungsaspekt zu reduzieren, findet auch ein Selektieren und Interpretieren statt.

In diesem Selektionsprozess liegt ein Doppelaspekt, der auch für Forschungszwecke nutzbar gemacht werden kann. Die Zeichnung ist nicht nur Mittel der Präsentation und der Verständigung, sondern ist auch geeignet, um sich selbst Klarheit über architektonische Zusammenhänge und Wirksamkeiten zu verschaffen. Das Zeichnen unter verschiedenen Aspekten kann also auch eine Annäherung an ein Thema darstellen oder als Analyseinstrument eingesetzt werden.

IM ARCHITEKTURENTWURF Selbstverständlich ist das Zeichnen auch ein fester Bestandteil entwerferischer Handlungsweisen. Neben der Verwendung von Skizzen nutzen Architekturschaffende die Zeichnungen, um Ideen zu schärfen, um sich zu vergewissern, wie das Erdachte wirken wird, um ihre Entwürfe vor Bauherren oder einer Wettbewerbsjury zu präsentieren sowie als Grundlage für die spätere Bauausführung.[10] Und auch vor dem eigentlichen Entwurfsprozess werden Zeichnungen verwendet, beispielsweise in der Analyse eines Entwurfsgebietes. In ähnlicher Weise wie es Wurman erdacht hat, gelingt es häufig durch das wiederholte Zeichnen einer räumlichen Situation, spezifische Eigenschaften eines Ortes auszumachen, die einer ersten Annäherung und der Entwicklung eines Entwurfsansatzes dienen. Das Zeichnen wird auf diese Weise zu einem erkenntnisbildenden Bestandteil des Entwurfsprozesses. Die abstrahierenden Analysezeichnungen dienen dem Erkenntnisgewinn, der Vermittlung von Erkenntnissen und als Entwurfserklärung.[11]

Neben der Vermittlung von Wissen wird die Zeichnung im Entwurfsprozess also auch für die Produktion von Wissen genutzt. In diesem Sinne lohnt ein Blick auf wissenschaftliche Auseinandersetzungen mit der Zeichnung als Entwurfsinstrument. Über die langjährig propagierte Auffassung hinaus, dass architektonisches Entwerfen im Wesentlichen eine Denkleistung sei, behandelt beispielsweise die wegweisende Arbeit von Robert Evans ‚The Projective Cast. Architecture and Its Three Geometries' die Zeichnung als materielle und mediale Basis von Entwurfsprozessen.[12] Es wird insbesondere die Erkenntnisleistung des zeichnerischen Entwerfens thematisiert, die sich aus zwei Teilleistungen zusammensetzt: Im Entwurfsprozess kann das Zeichnen zum einen als ein Transferprozess aufgefasst werden, der die Möglichkeit des Wissenserwerbs durch Reflexion beschreibt. Zum anderen kann das Zeichnen als Fokussierung von Gedankeninhalten und damit als Veränderung der Wahrnehmung verstanden werden. Interessant ist dabei, dass diese Prozesse nicht immer bewusst eingeleitet, sondern durch das Zeichnen quasi beiläufig provoziert werden.[13]

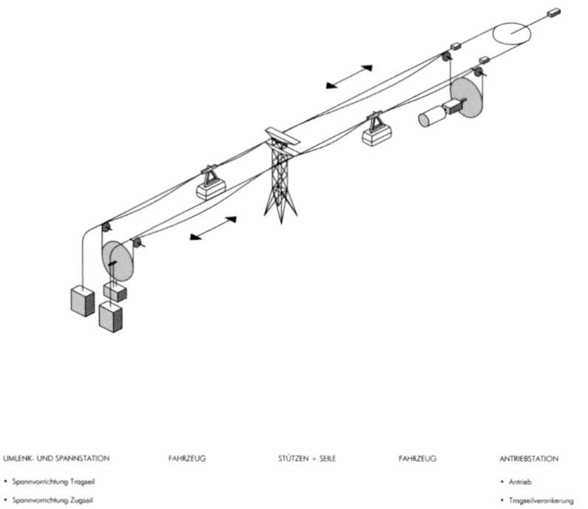

4 | Laura Kienbaum Prinzipaufbau Seilbahnanlage im Pendelbetrieb 2015

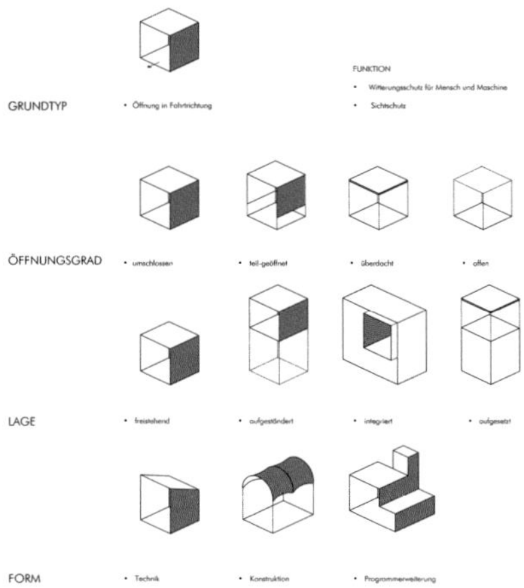

5 | Laura Kienbaum Typologische Ebene: Gebäudehülle 2015

WAHRNEHMUNGSSCHULE UND WISSENSGENESE Wenn in diesem Sinne das Zeichnen hilft, bestehende räumliche Situationen zu verstehen, stellt sich die Frage, inwiefern die Zeichnung also auch ein Forschungsinstrument ist. Was unterscheidet die entwerferische von der erforschenden Annäherung an einen Raum oder einen Ort? Festzustellen ist, dass Entwerfer reale Phänomene meist im Hinblick auf deren direkte Veränderbarkeit beobachten – sie sind eher handlungs- und herstellungsorientiert. Forscher beobachten reale Phänomene eher um ihre Wahrnehmung über die Welt zu verändern – sie sind eher wahrnehmungs- und wissensorientiert.[14] Während es beim entwerferischen Zeichnen von Bestehendem also eher um eine Interpretation des Vorhandenen und die Entwicklung einer Entwurfsidee geht, würde es in der entwurfsbezogenen Forschung darum gehen, einzelne Einflussgrößen wie auch wechselseitige Beeinflussungen verschiedener Gestaltungsmittel zu identifizieren, ihre räumliche Wirkungsweise aufzuzeigen und sie wenn möglich in übertragbare Entwurfsbausteine zu übersetzen.

In diesem Sinne wurden im Rahmen meiner Untersuchung zu städtischen Seilbahnanlagen Zeichnungen als Forschungsinstrument getestet. Ziel war es, gestalterische Spielräume für den Entwurf von städtischen Seilbahnanlagen zu identifizieren sowie Strategien der architektonischen Implementierung in bestehende und neu entwickelte Stadtkontexte herauszustellen. Zeichnerisch wurden zum einen die technisch-funktionalen Zusammenhänge von Seilbahnanlagen analysiert, um die Bau- und Entwurfsaufgabe beschreiben zu können.

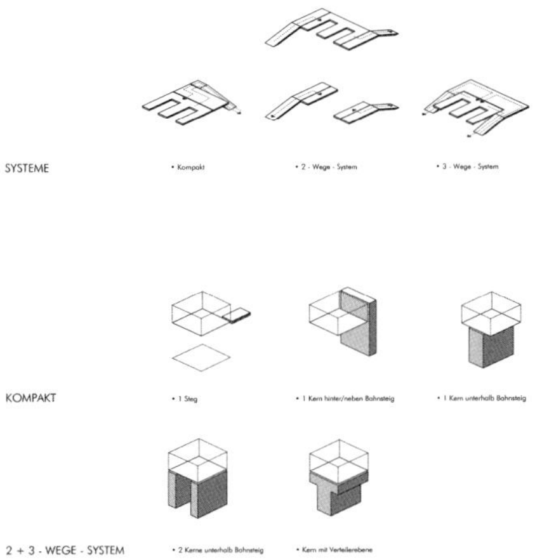

6 | Laura Kienbaum Typologische Ebene: Weg 2015

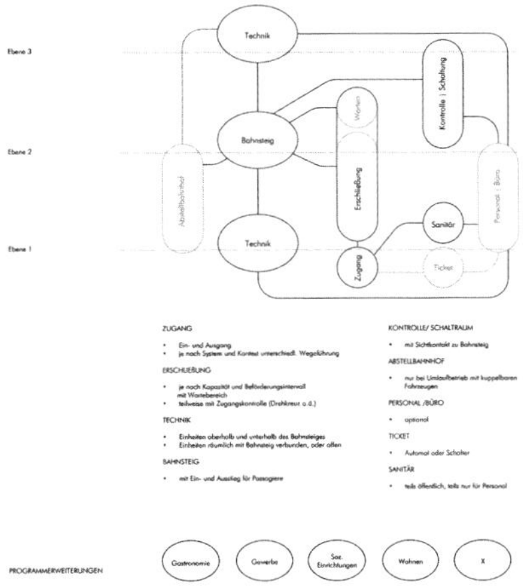

7 | Laura Kienbaum Typologische Ebene: Raumprogramm 2015

Zum anderen wurden an ausgewählten Case Studies gestalterische Zusammenhänge und ihre ästhetischen Wirkungsweisen in Bezug auf einen konkreten Ort erarbeitet.

TYPOLOGIEN ERKENNEN Innerhalb der ersten Gruppe fand eine Untersuchung von charakterisierenden und sachbezogenen Merkmalen qualitativer Natur statt. Es wurden einzelne Teilaspekte erläutert, in ihren Varianten erfasst und die jeweilig resultierenden Anforderungen an die Architektur dargestellt. Hierfür wurden beispielsweise der Prinzip-Aufbau einer Seilbahnanlage und ihre Bestandteile erfasst (Abb. 4). Durch die Verwendung von vereinfachten isometrischen Zeichnungen wie auch Diagrammen konnten die aus den Einzelelementen entstehenden Anforderungen an und die Auswirkungen auf die Stationsbauten geklärt werden. Darauf aufbauend wurden über das Sammeln und themenbezogene Zeichnen gebauter Beispiele typologische Ebenen – Hülle, Weg und Programm – identifiziert. Es wurden bedeutsame Ausprägungen und Erscheinungsformen erfasst und entlang der drei Ebenen in ihren Varianten dargestellt. Für die Darstellungen wurde eine stark vereinfachende, wiederum isometrische Zeichenweise gewählt, die zur Verdeutlichung von Prinzipien hilfreich erscheint (Abb. 5-7). Wichtig war es, durch die Art der Zeichnung herauszustellen, dass die dargestellten Varianten lediglich als Rahmung der Bauaufgabe verstanden werden sollen. Sie enthalten selbstverständlich eine Vielzahl von Entwurfsentscheidungen.

8-10 | agps architecs Oregon Health Aerial Tramway Portland 2006

EINFLUSSGRÖSSEN EXTRAHIEREN Die Untersuchung der gestalterischen Spezifika und Implementierungsmöglichkeiten erfolgte anhand von ausgewählten Architekturen in ihrem jeweiligen komplexen Real-Life-Kontext – hier anhand der Aerial Tramway in Portland, USA (Abb. 8-10). Es wurde versucht, einzelne Einflussgrößen sowie die wechselseitige Beeinflussung verschiedener Gestaltungsmittel untereinander und in Bezug auf ihre naturräumliche und bauliche Umgebung zu verstehen.

Zunächst wurden dafür verschiedene Arten von Zeichnungen angefertigt, die sich mit dem Ort beschäftigen. Zur generellen Übersicht wurde ein Positionsplan gezeichnet. Dieser gibt Auskunft über die Stadt prägende Strukturen und Elemente sowie die Position der Seilbahn. In einem klassischen Schwarzplan (Figur-Grund-Plan) wurde das unmittelbare Umfeld der Stationsbauten in Bezug auf die jeweilige Bebauungsstruktur und andere raumprägende Elemente entlang des Streckenverlaufs dargestellt. Die sich unterscheidenden Strukturen sowie übergeordnete Straßen und Naturräume wurden als charakteristische Elemente herausgestellt.

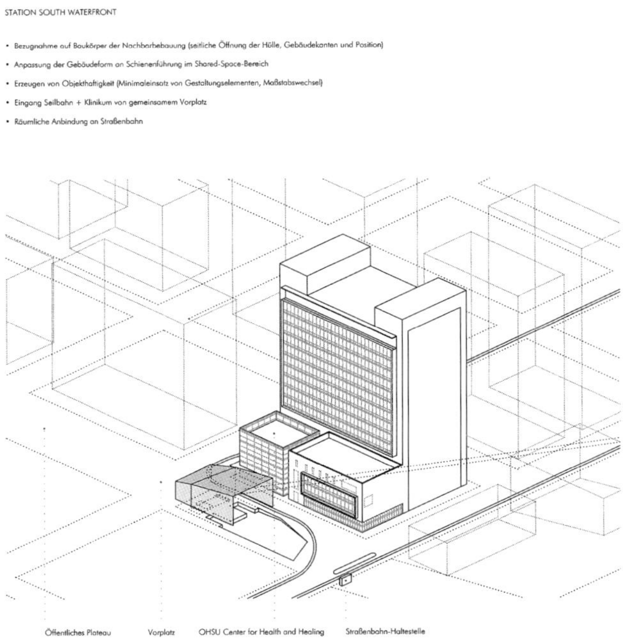

11 | Laura Kienbaum Analyse der Gebäudekörper im unmittelbaren Kontext 2015

Mithilfe von textlichen Auseinandersetzungen, Fotodokumentationen und zeichnerischen Analysen wurde danach der spezifische Umgang mit den typologischen Ebenen Hülle, Weg und Programm in Bezug auf den konkreten Ort befragt. Die Position, Form und Materialisierung der Gebäudehülle wurden durch isometrische Zeichnungen erfasst. Das Zeichnungssystem der Isometrie ermöglicht es, Formverhältnisse sowie räumliche Beziehungen ohne perspektivische Verzerrungen abzubilden und gestalterische Einflussgrößen zu identifizieren. In diesem Fall wird deutlich, dass vor allem die angehobene Gebäudehülle dazu führt, dass der umgebende und öffentliche Raum quasi den Stationspavillon der Aerial Tramway durchfließt, die Verbindung zum Fluss gestärkt und eine öffentlich wirkende Achse ausgebildet wird. Auch lassen sich Bezüge zur direkten Nachbarbebauung erkennen: Die Öffnung der Hülle im Erdgeschoss und die abknickende Form im hinteren Bereich der Station erzeugen eine Art Brückenwirkung zum nebenliegenden Klinikum, dem Bezugsgebäude der Seilbahn (Abb. 11). In ebenfalls räumlichen Darstellungen wurde der Weg in und durch die Gebäude dargestellt. Es wurden charakteristische Merkmale extrahiert. Durch eine Entschichtung konnten einzelne Wirkungsebenen wie beispielsweise Raumhöhen,

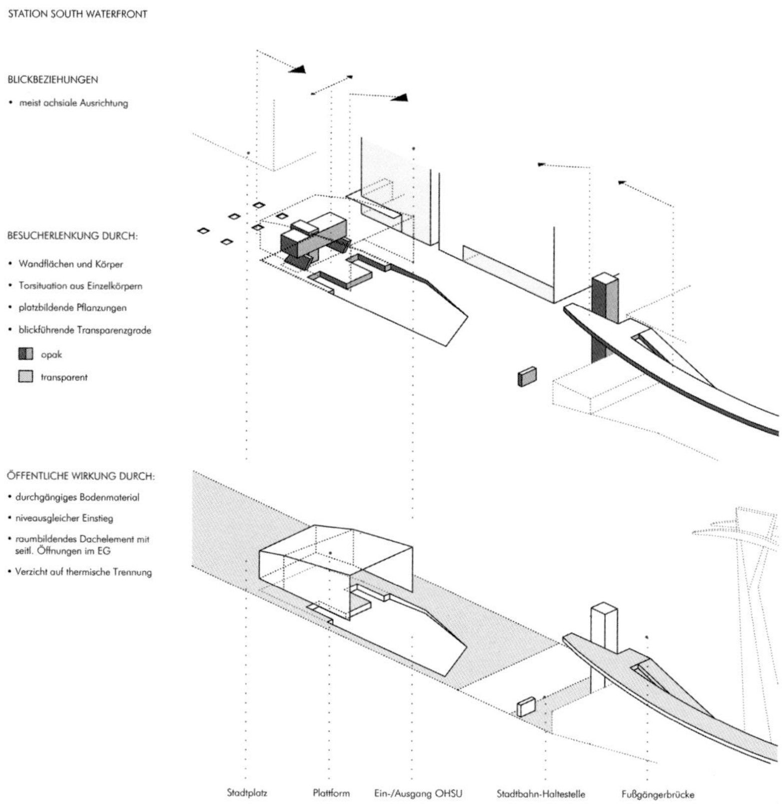

12 | Laura Kienbaum Analyse: Bewegungsleitende Elemente 2015

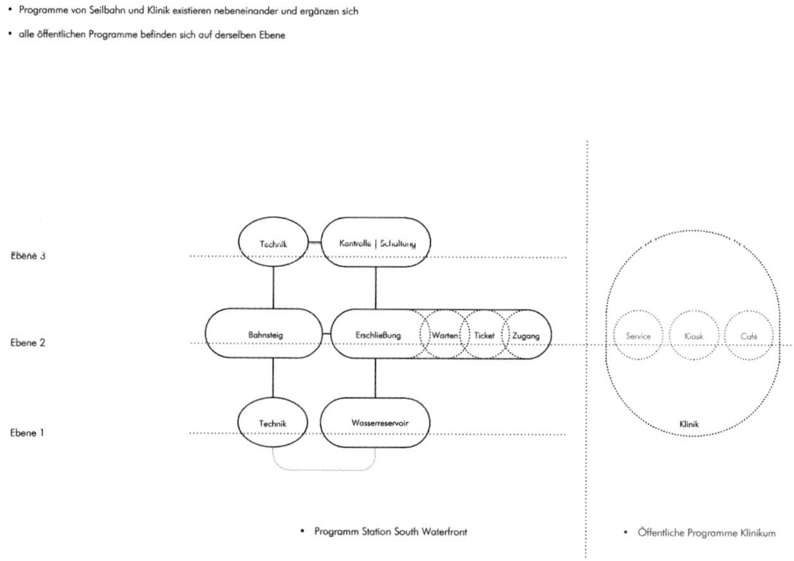

13 | Laura Kienbaum Analyse: Programmatische Raumzusammenhänge 2015

Sichtachsen oder Materialien nachvollzogen werden (Abb. 12). Die Umgangsweisen mit dem Programm wurden anhand von Diagrammen analysiert. Das Diagramm bietet eine einfache Möglichkeit, ein Raumgefüge abstrakt darzustellen. Es wurden Aussagen getroffen über notwendige räumliche Verbindungen und Zusammenhänge, nicht jedoch über die konkrete Ausformulierung der Räume. Dieser Darstellungstyp ist außerdem für eine direkte Vergleichbarkeit hilfreich (Abb. 13).

BESONDERS > ALLGEMEIN > BESONDERS In Bezug auf die Frage, auf welche Weise es möglich ist, wissenschaftliche Erkenntnisse über das Zeichnen zu generieren und wie eine entsprechende Analyse aufgebaut sein muss, soll ein Vergleich zwischen den in der Untersuchung angewandten Zeichnungen und den etablierten Forschungsverfahren von Deduktion und Induktion angestellt werden.[15] Deduktion bedeutet die logische Ableitung von Aussagen aus anderen Aussagen mit Hilfe von logischen Schlussregeln: Das Besondere und Einzelne wird vom Allgemeinen abgeleitet. Die Induktion geht vom Einzelnen zum Allgemeinen: Es wird vom besonderen Einzelfall auf das Allgemeine, Gesetzmäßige geschlossen.

Innerhalb der ersten Zeichnungsgruppe, der Erfassung der Bauaufgabe und der typologischen Ebenen, wurden verschiedene Seilbahnbauten zeichnerisch abstrahiert und dabei analysiert. Es wurden funktionale und räumliche Gemeinsamkeiten extrahiert und in Entwurfsbausteine übersetzt. Man kann das Vorgehen als ‚Analytisches Verfahren' bezeichnen. Es ist eine Arbeitsweise, die der wissenschaftlichen Methode der Deduktion entspricht (Abb.14).[16] Innerhalb der zweiten Gruppe wurden einzelne Bauten auf ihre spezifischen räumlichen Wirkungsweisen hin untersucht. Von den Ergebnissen dieser Untersuchung wurde auf allgemeine Zusammenhänge geschlossen, die für Seilbahnbauten im Generellen gelten. Es kann hier von einem ‚Synthetischen Verfahren' gesprochen werden. Das Synthetische Verfahren ist eine Versuchsanordnung. Es entspricht der wissenschaftlichen Methode der Induktion.[17]

VERBAL < > VISUELL Eine wissenschaftliche Auseinandersetzung bedient sich in der Regel des geschriebenen Wortes, einem verbalen Werkzeug. Inwiefern die zeichnerische Untersuchung, als visuelles Werkzeug, eine textliche Abhandlung in der Architekturforschung sinnvoll ergänzen oder sogar ersetzen kann, soll abschließend diskutiert werden. Verbale und visuelle Werkzeuge entsprechen zwei komplementären Arten des Denkens: dem verbalen, linearen, logischen Denken einerseits und dem visuell-räumlichen, anschaulichen, simultanen, assoziativen Denken andererseits.[18] Text und Zeichnung unterschieden sich außerdem in Bezug auf die Art und Weise der Vermittlung von

Inhalten wie auch auf die Inhalte selbst. Es gibt Dinge, die sich sprachlich nicht klar ausdrücken, wohl aber zeigen lassen. Selbstverständlich lassen sich viele Dinge aber auch nicht zeigen, sondern nur über eine verbale Beschreibung vermitteln.

Während beide Instrumente ein genaues, analytisches Sehen erzwingen und helfen, das Gesehene zu strukturieren, zu hierarchisieren und auf die wesentlichen Informationen zu reduzieren, haben sie auch ganz spezifische Potentiale.[19] Die Verwendung von Worten und die Suche nach passenden Begrifflichkeiten ermöglichen die Benennung und Kommentierung von Analyseergebnissen. Das Verfassen eines Textes ermöglicht es außerdem, übergeordnete Gedanken und Zusammenhänge darzustellen und sie in eine logische Ordnung zu bringen. Die Zeichnung hingegen kann in der Analyse Elemente und Mittel im Dreidimensionalen verorten und ihre räumliche Beziehung aufzeigen – also das, was in der Untersuchung von architektonischen Gestaltungszusammenhängen besonders wichtig ist. Dazu ein Beispiel: Die räumliche Wechselwirkung von Material, Farbe und Licht lässt sich durch Zeichnungen nicht abbilden, sie muss verbal beschrieben werden. Mit einer dreidimensionalen Zeichnung können jedoch die einzelnen Elemente und Mittel, die eine Wirkung beeinflussen, in ihrem räumlichen Zusammenhang dargestellt werden.

Auf der Suche nach Praktiken der Entwurfsforschung erscheint eine Kombination von Sprache und Zeichnung als eine sinnvolle Möglichkeit, um qualitative Aspekte von Architektur sowie Gestaltungszusammenhänge zu verstehen und gleichzeitig zu vermitteln. Die Zeichnung hat einen hohen Identifikationswert und ist darauf ausgelegt, allgemein verständlich zu sein. Sie kann in ihrer Abstraktion und durch ihren Code der sprachlichen Darstellung überlegen sein.[20] Während sie aber stets auch behauptet: ‚So ist es', kann ein Text das Dargestellte relativieren. Er kann unterschiedliche Meinungen und Perspektiven zu Wort kommen lassen oder durch die Nutzung von Zwischentönen und Konjunktiven mit Unschärfe umgehen.

ANMERKUNGEN **1** Vgl. Adriana Ionascu/Doris Rohr, Drawing now, in: Drawing. Research, Theory, Practice, 1 (2016), 3-16 **2** Vgl. Christopher Frayling, Research in art and design, in: Royal College of Art Research Papers 1 (1993), 1-5 **3** Vgl. hierzu und zum Folgenden: Klaus Jan Philipp, Die Imagination des Realen. Eine kurze Geschichte der Architekturzeichnung, in: Schriften der Bauhaus-Universität Weimar 120/21 (2008), 147-157 **4** Vgl. hierzu und zum Folgenden Gert Hasenhütl, Politik und Poetik des Entwerfens. Kulturtechnik der Handzeichnung, Wien et al.: LIT Verlag 2013, 52-55 **5** Vgl. op. cit. (Anm.3), 147-157; Elisabeth Kieven, Von Bernini bis Piranesi. Römische Architekturzeichnungen des Barock, Stuttgart: Hatje Cantz 1993 **6** Z.B. Joachim P. Heisel, Antike Bauzeichnungen, Darmstadt: Wissenschaftliche Buchgesellschaft 1993; Peter Pause, Gotische Architekturzeichnungen in Deutschland, Dissertation Bonn 1973; Johann Josef Böker, Architektur der Gotik. Bestandskatalog der weltweit größten Sammlung an gotischen Baurissen im Kupferstichkabinett der Akademie der Bildenden Künste Wien, Salzburg: Pustet 2005; Werner Oechslin, Geometrie und Linie. Die Vitruvianische ‚Wissenschaft' von der Architekturzeichnung, in: Daidalos 1 (1981), 20-35 **7** Z.B. Helen Powell/David Leatherbarrow, Masterpieces of architectural drawing, New York: Abbeville Press 1983; Winfried Nerdinger, Die Architekturzeichnung. Vom barocken Idealplan zur Axonometrie, Frankfurt/Main: Prestel 1985 **8** Z.B. Franz Maria Feldhaus, Die Geschichte des technischen Zeichnens, Wilhelmshaven: Kuhlmann 1967; Christof Thoenes, Zur Frage des Maßstabs in Architekturzeichnungen der Renaissance, in: Stefan Kummer/Georg Satzinger (eds.), Studien zur Künstlerzeichnung: Klaus Schwager zum 65. Geburtstag, Stuttgart: Hatje Cantz 1990 **9** Vgl. Richard Saul Wurman, Making the city observable, Cambridge et al.: The MIT Press 1971; Sabine Kraft/Joachim Krausse/Eva Kampfmann, Reader information design. Die Welt in Bildern erklären, in: Arch+ 213 (2013) **10** Winfried Nerdinger (ed.), Die Architekturzeichnung. Vom barocken Idealplan zur Axonometrie, München: Prestel 1986; Eugene Ferguson, Das innere Auge: von der Kunst des Ingenieurs, Basel/Boston/Berlin: Birkhäuser 1993, 13-56 **11** Vgl. Hilde León, DIN A3, Querformat, schwarz/weiss, in: Antje Freiesleben (ed.), Alfred Grazioli. Der gedachte Raum. Methodik einer Architekturentwurfslehre, Berlin: Gebr. Mann Verlag 2005, 46-47 **12** Robert Evans, The projective cast. Architecture and its three geometries, Cambridge/London: MIT Press 1995, bes. 107-121 **13** Vgl. op. cit. (Anm.3), 21 **14** ibid. 25, 135 **15** Vgl. hierzu und zum Folgenden: op. cit. (Anm.3), 30; Antje Freiesleben, Alfred Grazioli. Der gedachte Raum. Methodik einer Architekturentwurfslehre, Berlin: Gebr. Mann Verlag 2005, 54-55, 104-105 **16** Vgl. op. cit. (Anm.4), 30 **17** ibid. **18** Vgl. Christian Gänshirt, Werkzeuge für Ideen. Einführung ins architektonische Entwerfen. Basel/Boston/Berlin: Birkhäuser 2007, 103 **19** ibid. 134-137 **20** Vgl. Hans W. Hubert, Architekturzeichnung, in: Enzyklopädie der Neuzeit, Bd 1, Stuttgart: J.B Metzler 2005, 614-624

KATALYSIEREN

Der Zufall trifft nur einen vorbereiteten Geist.

Louis Pasteur

Der Begriff Katalysieren ist zunächst vergleichsweise leicht zu definieren. Aus der Chemie und Biochemie kommend, beschreibt er die Initiierung einer Reaktion und deren aktive Beschleunigung unter Bildung einer vermittelnden Stufe.[1] Eine weitere Option besteht dabei darin, die Reaktion in eine bestimmte Richtung zu lenken; hier hat das Katalysieren eine selektive Funktion. Diese Kerngedanken sind so allgemein, dass sie im Zusammenhang mit Entwerfen und Forschen und im Weiteren mit Architektur und Landschaftsarchitektur viele Deutungen ermöglichen. Katalysieren kann dabei mit einer intermediären Handlung verbunden sein im Sinne einer förderlichen und unterstützend wirksam werdenden Einflussnahme, auf die sich bestimmte Praktiken beziehen. Beispielsweise kann dies bedeuten, Rahmenbedingungen zu schaffen für das Hervorbringen neuen Wissens, neuer Entwurfsqualitäten, neuer Forschungsfragen, um so dazu beizutragen, bestehende Situationen in bevorzugte zu verwandeln.[2]

Für neue Verfahren müssen Katalysatoren meist gesondert entwickelt oder entsprechend der Zielsetzungen modifiziert werden. Der Katalysator kann dann nicht für sich allein, sondern nur im Rahmen des Gesamtprozesses gesehen werden.[3] Über die Förderungen durch Stiftungen und Stipendien oder durch Wettbewerbe und Forschungsfördermittel hinaus kann dies auch direkter mit Entwurfs- und Forschungsprozessen sowie ihrer Kommunikation verbunden sein. Imaginative und projektive Potentiale werden dabei als Forschungsinstrumente wirksam. Dies kann beispielsweise deutlich werden in alternativen Lehrformaten oder der kuratorischen Entwicklung von Ausstellungskonzepten, die Forschungsvermittlung und Wissensgenerierung anregen.

Die in Entwurfslehren als Startkapital vorhandenen Ressourcen können hier selbstverständlich als ein zentraler Bezugspunkt gesehen werden. Die katalytische Wirksamkeit ist dann mit Praktiken verbunden, die performative Eigenschaften haben und von spezifischen kommunikativen Situationen ausgehen wie beispielsweise dem Potential von Interaktionen in der Lehre und in Vermittlungskontexten sowie spezifischer alternativer Entwurfsebenen und Entwurfsverfahren. Dabei ist es weniger wichtig zu unterscheiden, wann die erzielte Wirkung eintritt, als vielmehr das Verfahren des Katalysierens durch verschiedene Praktiken zu qualifizieren. Aufgerufen wird dabei auch ein mit der Lehre verbundenes Themenspektrum, das, vor allem im angloamerikanischen Kontext, schon lange Gegenstand der Entwurfsforschung ist.[4] Für das Verständnis der katalytischen Kapazitäten in der Mischung von Entwerfen und Forschen, das hier zentral wird, ist insbesondere der performative Zusammenhang von Entwerfen, handelnden Subjekten und Wahrnehmung relevant und im weiteren die Erzeugung von Wissen zu Prozess-, Vermittlungs- und Gestaltungsqualitäten sowie anthropologischen Wirkungsräumen. Die dadurch geschaffenen Wirklichkeiten und neuen Verständnisebenen können nicht vollständig durch bereits erkannte Strukturen, Praktiken und Prinzipien erklärt werden und stimulieren weiterführende Aktionen.

Die Beiträge von Christoph Grafe, Lara Schrijver und Katja Benfer | Cyrus Zahiri sind geprägt von engagierter Forschung und Interaktion, die selbst neue Möglichkeiten generieren. Ihre Dynamik kann zudem katalytische Kraft entwickeln, deren Wirksamkeit auf der Ebene der expliziten und impliziten Wissenserzeugung, der Ebene der gesellschaftlichen Kommunikation und der Ebene der Diskurse zu ästhetischen Dimensionen im Entwerfen und Forschen liegt. Initiiert werden die Entwicklung der Kompetenz, in komplexen Prozessen des Entwerfens und Forschens zu entscheiden, die Fähigkeit qualitative Wertungen vorzunehmen und das Vermögen, vermischte Praktiken der Antizipation und Kommunikation durchzuspielen, um so Stellung zu sich selbst, zum eigenen Schaffen sowie zu kulturellen Konditionen zu nehmen.

Christoph Grafe argumentiert, dass Forschung nicht in den ‚Laboren' bzw. Entwurfsstudios der Universitäten verbleiben, vielmehr in die Öffentlichkeit getragen und diskutiert werden soll. Er entfaltet das kuratorische Konzept ‚Projections' für eine Reihe von projektbasierten Ausstellungen im Flämischen Architekturinstitut in Antwerpen (VAi), das in einem großen öffentlichen Kulturzentrum angesiedelt ist. Mit diesem Konzept sind Architekturschulen aufgefordert, ihre in der Entwurfslehre durchgeführten Projekte und deren Erkenntnisebenen vorzustellen und zu diskutieren, unabhängig davon, ob sie sich auf gebaute Räume oder auf Denkräume beziehen. Die Ausstellungen werden dabei zum Katalysator der Verortung von spezifischem Entwurfswissen. Mit der öffentlichen Präsentation, Kommunikation und Diskussion öffnen sich Möglichkeiten gesellschaftlicher Teilhabe an Wissensprozessen, insbesondere bezogen auf die Relevanz der Gestaltung architektonischer und landschaftsarchitektonischer Raumentwürfe sowie städtebaulicher Projekte und damit der Kompetenz der Entwurfsschaffenden und der Disziplin im allgemeinen. In dieser Weise können auch Alternativen sichtbar und Äquivalente denkbar werden zur bereits gegebenen baulich-räumlichen Umwelt sowie Anschlussmöglichkeiten für partizipative Prozesse vorbereitet werden.[5] Auf akademischer Seite wird mit dem Ausstellungsvorhaben ein reflexiver Prozess angestoßen, der im weiteren Forschungstätigkeiten evozieren kann, die nicht nur in den Ergebnissen des Prozesses empirisch bereits vorliegen, vielmehr über die Thematisierung des Lehrkonzepts, der Kontexte, des Ablaufs und der eingesetzten Praktiken noch weitergeführt werden können. Die Intensität und Geschwindigkeit, mit der sich in den forschenden Annäherungen dann Erkenntnisse einstellen, werden erhöht und können über die thesenhafte Reflexivität hinaus mittels entsprechender Medien und Vermittlungsprozesse noch fortgesetzt oder zum Fundus für andere Forschungspraktiken werden.

Lara Schrijver charakterisiert das Katalysieren im Verbindung mit unterschiedlichen Projekten der eigenen Lehrpraxis, insbesondere bezogen auf die Frage, wie die Erzeugungsmedien und -praktiken beim Entwerfen die Entstehung, Kommunikation und Distribution von Wissen befördern können. Dass es dabei nicht nur um die Weitergabe von Traditionen und Inhalten geht, bezugnehmend auf das, was sich kulturell bewährt hat, sondern auch um das Trainieren des entwerferischen Umgangs mit komplexen Situationen und das Generieren von Möglichkeitsräumen im Ungewissen, erklärt Lara Schrijver am Beispiel von Aufgabenstellungen und Lehrprozessen, die sie initiiert und forschend begleitet. In diesen entwickelte sie, unter anderem vor dem Hintergrund von Lehrkonzepten zum Entwerfen beispielsweise von O.M.Ungers oder John Hejduk, ungewöhnliche Ansätze für studentische Entwurfsprojekte, in denen die Studierenden sehr gezielt aufgefordert wurden, sich insbesondere durch die Konzentration auf katalytische Kapazitäten trainieren und bilden zu lassen. Studierende in Architektur und Landschaftsarchitektur haben nicht nur Fertigkeiten zum Repräsentieren zu entwickeln, wie beispielsweise Zeichnen und Modelle bauen, sondern auch zu lernen, wie Entwerfen im Denken strukturiert und modifiziert werden kann.[6] Die Zerlegung in Teilaufgaben, die Relevanz der Wiederholung oder die Auseinandersetzung mit der Aussagekraft von Zeichnungen und Texten sowie mit Wissenspotentialen, die mit ‚handwerklichem' Machen verbunden sind, bildeten Anteile dieser heuristischen Lehrkonzepte und Arbeitsweisen. Situatives Verstehen und Erkennen können sich so im Prozess entwickeln. Im Horizont der Aktivierungsenergie, die eingesetzt wurde, um den Übergangszustand herbeizuführen, bildeten sich dabei gleichzeitig Forschungsbausteine, die in die Reaktionsprodukte hineinführen und den Erkenntnisgewinn dann, auch im Vergleich, über evaluative und konzipierende Praktiken weiterführen.

Um unsicheres Terrain für die Lehre, um ein anderes Grundverständnis von Lehre überhaupt, geht es auch im Beitrag von Katja Benfer und Cyrus Zahiri. Sie thematisieren Zusammenhänge von Entwerfen und Emotionen. Die Unmöglichkeit, Kreativität mit rationalen Mitteln erklären und lehren zu können, bildet ihren

Ausgangspunkt. Vor dem Hintergrund entwurfs- und wissenschaftstheoretischer Positionen entwickeln sie ein Forschungsspektrum, dem sie katalytische Kraft zumessen in Bezug auf noch wenig erschlossene Inhalte, Bedingtheiten und Eigenschaften von Entwurfsprozessen. Als Komposit unterschiedlich konturierter und gemischter Forschungsfelder zeigen sich die vorgestellten Studien zum Entwurfsprozessverlauf auf der Basis von Interviewsequenzen mit Studierenden, die Einblicke in elementare emotionale Reaktionszusammenhänge und -muster in Entwurfskrisen eröffnen. Ausgehend von den Erkenntnissen dazu, wie solche Konfliktsituationen im kreativen Entwurfsverlauf verlaufen, könnten beispielsweise Strategien erforscht werden, um emotionale Krisen erfolgreich zu bewältigen, oder es könnte, wiederum für die Entwurfslehre, das Feld emotionaler Kompetenzentwicklung im Sinne von empathischer Antizipation durch die Thematisierung ästhetischer Dimensionen als reflexive Praxisform in den Fokus gerückt werden. In solchen Forschungsformaten öffnen sich über die Sichtbarmachung bislang eher verborgener Phänomene viele neue Forschungsfelder. Die Praktiken schließen dabei performative Interaktion und Antizipation auch in einer Weise ein, die für die architektonische und landschaftsarchitektonische Imagination von Räumen und Raumgefügen sowie deren programmatischen Potentialen charakteristisch ist sowie von elementaren offenen und dynamischen Prozessen, die, wenn sie durchlebt werden, neue Perspektive schaffen. MB

ANMERKUNGEN **1** Vgl. hierzu und zum Folgenden Ralf Dorn, Katalyse, in: Heinz M. Hiersig (ed.), Lexikon Ingenieurwissen. Grundlagen, Düsseldorf: VDI 1995, 363-365 **2** Vgl. hierzu Herbert Simon, Die Wissenschaften vom Künstlichen (1969), Berlin: Kammerer & Unverzagt 1990, 95 **3** Vgl. Dorn 1997 op. cit. (Anm.1), 365 **4** Vgl. Christopher Frayling, Research in art and design, in: Royal College of Art. Research Papers 1 (1993/4)/1, 1-5; Reto Geiser (ed.), Explorations in architecture, teaching, design, research, Basel et al.: Birkhäuser 2008, passim **5** Vgl. zu Potentialen kuratorischer Praktiken allgemein Heinz Bude, Der Kurator als Meta-Künstler. Der Fall HUO, in: Texte zur Kunst, 86 (2012) 108–119, auf: www.textezurkunst.de/86/der-kurator-als-meta-kunstler 18.8.2016 **6** Vgl. hierzu auch Bryan Lawson/Kees Dorst, Design expertise, London et al.: Elsevier 2009, 120-124

PROJECTIONS: ENTWERFENDE FORSCHUNG UND KURATORISCHE PRAXIS

Christoph Grafe

Im Wissenschaftsbetrieb sehen sich die Geistes- und Kulturwissenschaften einem kontinuierlich wachsenden Legitimationsdruck ausgesetzt. Für die Architektur ergibt sich aus dieser Gemengelage eine spezifische und womöglich noch dringendere Herausforderung. Als ein Wissenschaftsgebiet, das sich aus seiner Formation heraus zwischen der angewandten technischen Forschung und dem Studium des kulturellen oder sozialen Kontextes definiert und das sich daneben in Fakultäten situiert, die sich auch – und nicht selten – vorrangig als Institute zur praktischen Ausbildung sehen, sieht sich die Architektur an mindestens zwei Fronten gefordert. Einerseits erscheint die Architektur als eine Praxis, deren gesellschaftlicher Nutzen immer aufs Neue erläutert und verteidigt werden muss; andererseits als ein Wissenschaftsgebiet, das sich über seine ureigenen Methoden der Wissenserhebung oft nur unzureichend im Klaren ist. Als eine Disziplin, deren Kern im kulturellen Bereich zu verorten ist, steht die Architektur innerhalb des Wissenschaftsbetriebs tendenziell unter einem vergleichbaren Verantwortungsdruck wie klassische Geisteswissenschaften. Daneben muss sie jedoch auch die Frage aushalten, wie es mit ihrer wissenschaftlichen Forschung überhaupt steht und ob die Ausbildungseinrichtungen nicht eigentlich eine veredelte höhere berufliche Bildung anbieten.

FORSCHUNG DURCH ENTWURF Vor dem Hintergrund dieser Legitimationsfrage versuchen Architekturfakultäten seit Mitte der 1990er Jahre, die eigene Forschungstätigkeit neu zu beschreiben und damit auch die Methoden der Wissenserhebung, wie sie von Entwerfern entwickelt werden, zu identifizieren.[1] Dabei geht es um nicht weniger als die Bestimmung eines eigenen und für die Disziplin spezifischen Instrumentariums. Dass dieses Instrumentarium der zentralen Aktivität der Lehre, nämlich dem

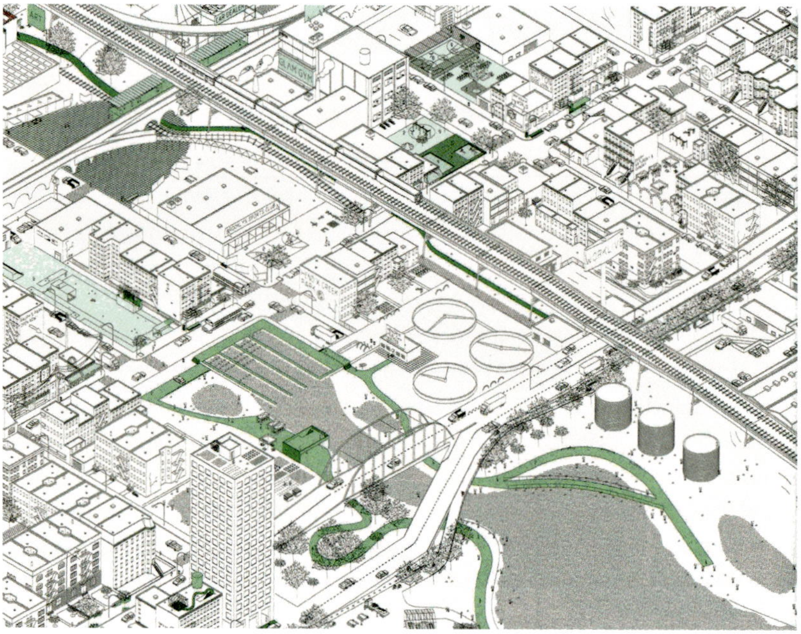

1 | KU Leuven Breuckland Isometrie mit den Projekten Macro Lots und Commune 2013

Entwurfsunterricht, abgerungen werden soll, ergibt sich aus dem Selbstverständnis der Architekturausbildung, wie sie sich in Europa seit dem späten 18. Jahrhundert formiert hat.[2] Als eine Praxis, die von einer Vielzahl gesellschaftlicher und technischer Faktoren beeinflusst wird, scheint sich der Entwurf im Allgemeinen einer systematischen Betrachtung zu entziehen, wie sie die Wissenschaft einfordert. Wenn Architektur vor allem Praxis ist und keine Wissenschaftsdisziplin; wenn ihre zentrale Kompetenz zudem in der Projektion, im Vorgreifen auf noch zu vollziehende Aktionen oder Eingriffe liegt, stellt sich umgekehrt die Frage, ob die Methoden der Wissenserhebung nicht nur zum Preis einer Reduktion auf Scheinsystematisierungen zu erzielen wären, wie sie die Ansätze einer ‚Verwissenschaftlichung' des Entwerfens in den 1960er Jahren oft charakterisierten.

Vor diesem Hintergrund bietet das Verständnis des Entwerfens als einer ‚reflexiven Praxis' eine Grundlage, die spezifischen Methoden von Projektion und Analyse, von Handlung und Reflexion, die dem architektonischen Entwurfsprozess eigen sind, zu untersuchen.[3] Dabei geht es einerseits um die Erforschung des Prozesses selbst, als Reflexion im Zuge der Handlung oder als Untersuchung post-hoc. Andererseits kann aber auch das systematische Kartieren von Entwurfsmethoden und -resultaten mit gleicher oder ähnlicher Zielrichtung zu einer Erhebung von generischen Wissen führen, das sowohl instrumentell für neue Lösungsansätze sein kann als auch Aufschlüsse über die Instrumentalität des Entwerfens überhaupt geben kann.

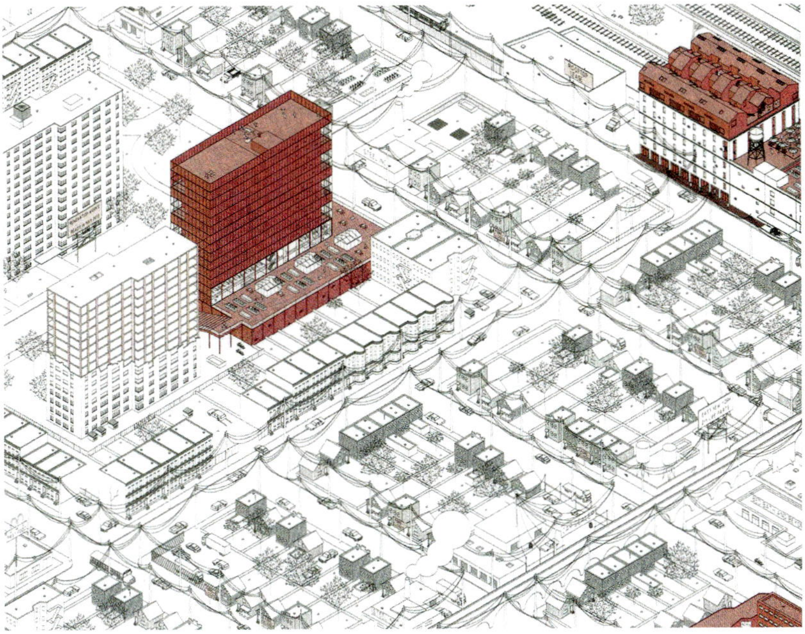

2 | KU Leuven Breuckland Isometrie mit dem Projekt E.A.T. – Edible Assembly Tower 2013

Diesen Ansatz verfolgt die Initiative, die verschiedene Architekturfakultäten in Flandern zusammen mit dem Flämischen Architekturinstitut (VAi) in Antwerpen entwickelt haben. Dabei steht nicht die Frage der Definition des entwerfenden Forschens im Vordergrund. Vielmehr wird der Versuch unternommen, eine Reihe ausgewählter Projekte, in denen das Entwerfen zur Formulierung neuer Problemstellungen eingesetzt wird und sich um die Entwicklung von Lösungsansätzen bemüht, zu sammeln und im Rahmen einer Ausstellungsreihe vorzustellen. Dabei wird der Begriff des ‚Problems' weitgefasst und beschreibt eher Felder von gesellschaftlichen und kulturellen Erwartungen als fest umrissene Fragestellungen. Hierbei muss vermerkt werden, dass die Frage, ob und wie entwerfendes Forschen zu einer neuen Form von Promotion führen kann, explizit ausgeklammert wird.[5]

ENTWERFENDES FORSCHEN AN UNIVERSITÄTEN AM BEISPIEL FLANDERN

Die Architekturfakultäten in Flandern haben sich seit den 1990er Jahren einer Entwicklung unterzogen, die vonseiten der Bildungspolitiker als ‚Akademisierung' bezeichnet wird. Im Zuge einer Neuordnung der Wissenschaftslandschaft wurden die ursprünglich in Kunstakademien beheimateten Architekturschulen in Universitäten aufgenommen. Dabei wurde von den vornehmlich der Entwurfslehre verpflichteten Architekturschulen die Entwicklung von Forschungsprogrammen eingefordert. Die neuen universitären Fakultäten sollten fortan nach den Kriterien, wie sie in den geistes- und naturwissenschaftlichen Disziplinen für die Bewertung von Forschungsresultaten angesetzt werden, beurteilt werden.[5]

Für Architekturschulen, die aus der Tradition der Beaux-Arts oder einem den Arts and Crafts verpflichteten katholischen Ideal der Verknüpfung von Kunst und Handwerk entstanden sind, war (und ist) die Forderung, wissenschaftliche Forschung zu betreiben, nicht nur neu. Sie warf auch unmittelbar die Frage auf, wie die Lehre des Entwurfs – der Kernbereich der Ausbildung – mit den Anforderungen des Wissenschaftsbetriebs vereinbar sein könnte.[6] Dies umso mehr, als die Architekturschulen ihre Identität und ihren Status an der Beteiligung von prominenten und charismatischen Architektinnen und Architekten festmachen, die über ihre praktische Arbeit eine organische Verbindung zur Berufspraxis und zum Entwerfen herstellen. Die Position genau dieser Mitarbeitenden, die innerhalb des kulturellen und professionellen Feldes das ‚Gesicht' der Architekturschule bestimmen, ist dabei bis heute nicht gelöst.[7]

Die Diskussion über die Perspektiven einer entwerfenden Forschung hat damit zunächst einen bildungspolitischen Hintergrund. Die Architekturfakultäten sahen sich gezwungen, nicht nur ihren Forschungsauftrag zu benennen, sondern in der gleichen Bewegung auch die Ziele der Entwurfslehre neu auszurichten. Dabei stellt sich selbstverständlich die Frage einer Begriffsbestimmung; nämlich als Versuch, sowohl die Praxis des Entwerfens im Kontext der Ausbildung als auch der wissenschaftlichen Forschung in der Architektur besser zu begreifen. So stellt sich einerseits die Frage der Definition: Was ist Forschendes Entwerfen eigentlich? Ab wann wird das Entwerfen zur Forschung? Welche Kriterien sind anzulegen? Diese Fragen sind in Flandern seit gut einem Jahrzehnt Gegenstand von breit gesetzten Symposien, teils auch als Fortsetzung der schon früher einsetzenden Debatte in den Niederlanden.[8]

Obwohl eine eindeutige Definition des Entwerfenden Forschens ausbleibt, hat die Debatte starke Impulse für neue Formen der Entwurfslehre gegeben, deren Ergebnisse bedeutungsvoll sind, da sie Alternativen zum klassischen Modell aufzeigen, welches sich an einer Idealversion der Berufspraxis orientiert. Initiativen für Projekte mit dem Anspruch, Methoden für das Entwerfende Forschen zu entwickeln, sind Teil des Lehrplans an allen Architekturfakultäten in Flandern. In der Konzeption dieser Projekte kommt die außerordentlich starke institutionelle und personelle Vernetzung zum Ausdruck, welche die Architekturszene in dieser Region im Allgemeinen kennzeichnet. In vielen Fällen wurden diese Projekte in Zusammenarbeit mit externen Partnern in Planungsämtern, dem flämischen Ministerium für Raumordnung oder anderen institutionellen Partnern entwickelt. Eine wichtige Rolle spielt dabei auch das Team des Flämischen Baumeisters. Baumeister Peter Swinnen initiierte bei seinem Antreten 2010 ein eigenes Programm für Entwerfende Forschung mit Schwerpunkten in den Bereichen des kollektiven Wohnens, der Gesundheit und der Bildung, das sich an Architektenbüros richtete und das sich in sogenannten Pilotprojekten konkretisierte, deren Ergebnisse auch an den Architekturfakultäten zu intensiven Debatten führten, die an der Ausführung beteiligt waren.[9] Die Projekte, die im Kontext der Lehre an den Architekturfakultäten entwickelt wurden, sind nicht als Verlängerung der Initiative des Baumeisters oder der Planungsämter zu verstehen. Eher sind sie ein Versuch, die öffentliche Debatte über die Rolle des Entwurfs für städtische Entwicklungen mit Konzepten zu bereichern und Alternativen zur gängigen Praxis aufzuzeigen. Die Pilotprojekte des Baumeisters und die Projekte in den Universitäten verstehen sich als komplementäre Initiativen zu den wichtigen Fragestellungen des Entwurfs der gebauten Umgebung.

PROJECTIONS: VERMITTLUNG VON ERGEBNISSEN AUS DER ENTWERFENDEN FORSCHUNG Mit der Ausstellungsreihe ,Projections' will das Flämische Architekturinstitut die Ergebnisse einer Reihe von Projekten, die sich als Entwerfende Forschung verstehen, einer breiteren Öffentlichkeit vorstellen. In diesen Ausstellungen aus den verschiedenen Fakultäten wurde der Versuch unternommen, über die Aufbereitung der Ergebnisse ein Bild davon zu zeichnen, welche Themen bearbeitet werden und welche Resultate aus der Arbeit entstehen. Die Reihe, die im Zeitraum 2013-16 im Kunstzentrum de Singel in Antwerpen gezeigt wurde, umfasste im Ganzen sechs Ausstellungen, die in Zusammenarbeit mit den Universitäten in Gent, Hasselt, Leuven, Brüssel und der Architekturfakultät Brüssel/Gent der KU Leuven (ehemals Sint Lucas) konzipiert und produziert wurden. Das Ausstellungsformat sollte die Möglichkeit bieten, vorläufige Ergebnisse dieser Art von Forschung zu präsentieren und die öffentliche Diskussion zwischen und in den Universitäten, aber auch mit der Zivilgesellschaft zu fördern. Zu diesem Zweck wurden die Ausstellungen ergänzt von öffentlichen Veranstaltungen, wie Round-Table-Gesprächen, Führungen und Einzelvorträgen.

Die Auswahl der verschiedenen Projekte, die in der Reihe vorgestellt werden sollten, war darauf angelegt, die Breite der entwerfenden Forschung zu zeigen und darüberhinaus allen Fakultäten die Möglichkeit zu bieten, ihre Arbeit vorzustellen. Daraus ergab sich eine Reihe von Schwerpunkten, die von innovativen städtebaulichen Lösungen bis hin zu formal-ästhetischen architektonischen Problemen reichten. Daneben sollten diese Themen dafür geeignet sein, neben dem professionellen auch ein Laienpublikum anzusprechen, welches das Kunstzentrum mit seinen abendlichen Veranstaltungen nutzt. Fragestellungen mussten demnach so formuliert werden, dass sich auch für zufällige Passanten eine Form des Zugangs ergeben kann.

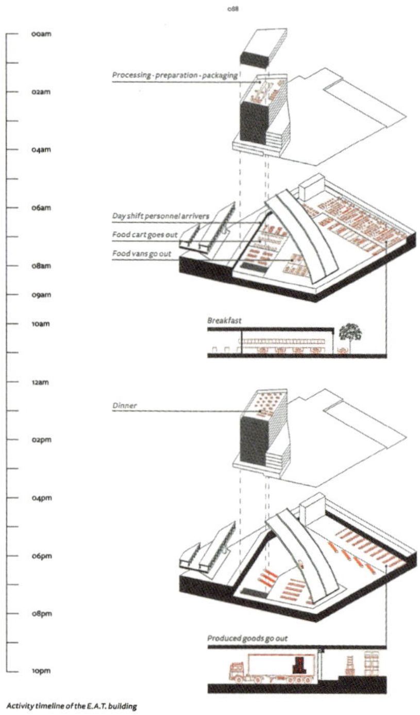

3 | Margot Proesmans E.A.T. – Edible Assembly Tower Zeitschiene der Tätigkeiten

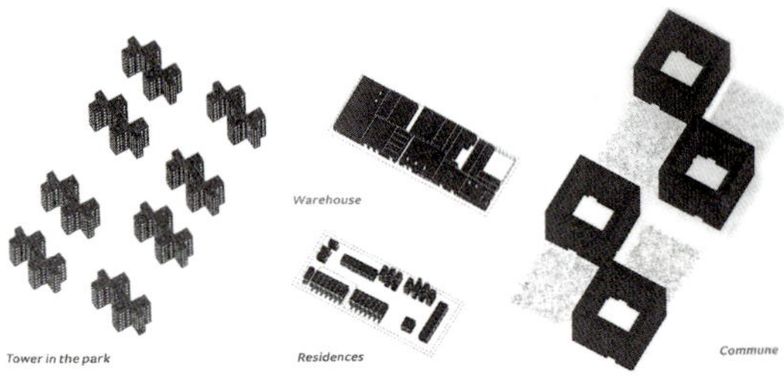

4 | Max Royakkers Commune Kollektivhaus als Projekt für eine Stadt der Ankunft

Drei der Ausstellungen sollen hier exemplarisch kurz besprochen werden. Die erste Ausstellung in der Serie ‚Projections' war ‚Breuckland - Variationen über das Leben in der Stadt: Brooklyn'.[10] Es ging dabei um ein Diplomatelier an der Fakultät für Architektur, Städtebau und Planung der Universität Leuven unter der Leitung von Tom Thys und Ward Verbakel. Wie viele innerstädtische Bezirke europäischer und nordamerikanischer Städte sah Brooklyn sich ab den 1960er Jahren mit dem Verlust von vitalen Industrien, vor allem in der Lebensmittelbranche und dem Schiffbau, und einem Rückgang der traditionellen Stadtbevölkerung konfrontiert.[11] Teile des Bezirks zeigen inzwischen Tendenzen zu einer dynamischen Entwicklung, die unter dem Stichwort der ‚Gentrifizierung' beschrieben werden kann, in großen Bereichen stellt sich jedoch immer noch die Frage nach neuen Zukunftsperspektiven (Abb. 1-2).

Das Studio Breuckland identifiziert den New Yorker Stadtteil als ein Forschungsobjekt für Entwicklungsstrategien, die Alternativen zu einem überwiegend dem Bild der Metropole verpflichteten Stadtdiskurs aufzeigen und die damit die Möglichkeiten von Urbanität

5 | KU Leuven Breuckland collage 2013

in der horizontal entwickelten Vorstadt untersuchen. Forschungen zur Dynamik des Wohnungsmarkts, der Mobilität, des Freizeitangebots, der ökologischen Entwicklungen und der städtischen Wirtschaft bilden die Grundlage für 20 Projekte, die als konkrete Fallstudien zu verstehen sind. So ermittelt das Projekt ‚E.A.T – Edible Assembly Tower' die typologischen Implikationen einer vertikalen Konzentration der Produktion und des Konsums von Lebensmitteln (Abb. 3), während im Projekt ‚Commune' die Untersuchung der Grauzone zwischen kleinteiligen ökonomischen Aktivitäten und dem Wohnen in einen Entwurf für städtische Baublöcke mündet, in dem sich das Konzept der ‚Arrival City' für eine sich verändernde Bevölkerung materialisiert (Abb. 4). ‚Macro Lots' zeigt Strategien für eine inkrementelle Verdichtung durch Grundstücksneuordnung über einen ‚Land Trust' auf und illustriert die Möglichkeiten einer solchen Entwicklung für kleinmaßstäbliche Ergänzungen (Abb.5). Indem sie verschiedene Aspekte städtischer Entwicklung von neuen Formen des Eigentums über die Organisation der Nutzung bis zu den typologischen Ansätzen verarbeiten, sind die einzelnen Projekte als Illustrationen für die Möglichkeiten einer entwerfenden Forschung zu verstehen, die den klassischen architektonischen Entwurf umfasst, ihn aber gleichzeitig kontextualisiert.

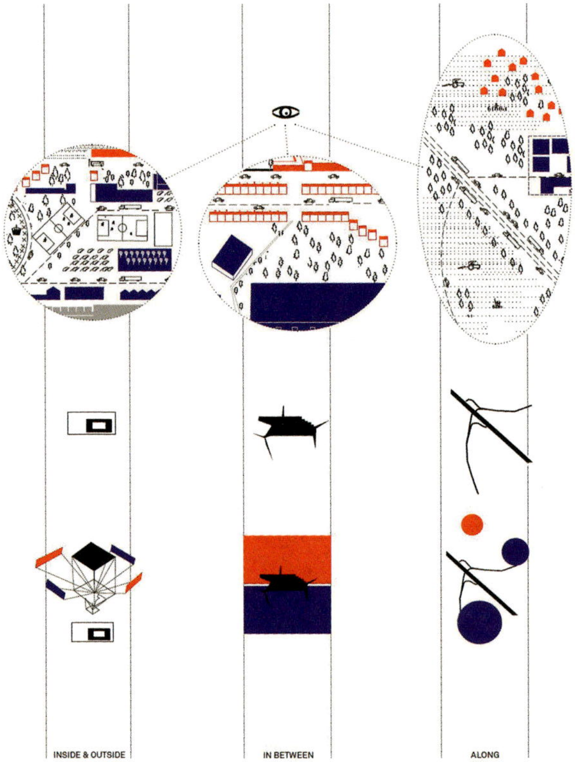

6 | Erasmushogeschool Brussel Neder-Over-Heembeek Verbindende Elemente zwischen Gewerbe und Wohnen 2012

Die zweite Ausstellung ‚RE:work' zeigte die Ergebnisse einer internationalen Meisterklasse, in der 38 Teilnehmende aus Brüssel, Barcelona, Manchester und Bordeaux mitgearbeitet hatten. RE:work zeigte dabei Entwurfsansätze, in denen neue Konzepte für die Koexistenz von Stadt und Wirtschaft als Voraussetzung für die nachhaltige Entwicklung der Metropole Brüssel untersucht wurden.[12] Dies resultierte in der Formulierung und Visualisierung von flexiblen städtebaulichen Projekten, die auf dem Niveau des städtischen Systems funktionieren, aber gleichzeitig auch in den Maßstab der direkten Nachbarschaft und des Quartiers eingebettet sind. Die Projekte für unter anderem die Umgebung des Verbindungskanals Brüssel-Schelde in Neder-Over-Heembeek (Abb. 6-7) und das ehemalige NATO-Gelände in Brüssel-Evere (Abb. 8) zeigen, wie gewerbliche Nutzungen und Wohngebiete räumlich und programmatisch stärker integriert gedacht werden können. Die diagrammatische Darstellung lässt dabei Raum für die öffentliche Diskussion, in der die Frage zentral steht, wie gewerbliche und logistische Programme wieder Teil des Stadtraums werden können und damit die einseitige Fokussierung auf Dienstleistung, die sowohl die wirtschaftlichen als auch die städtebaulichen Diskurse lange geprägt hat, überwunden werden kann.

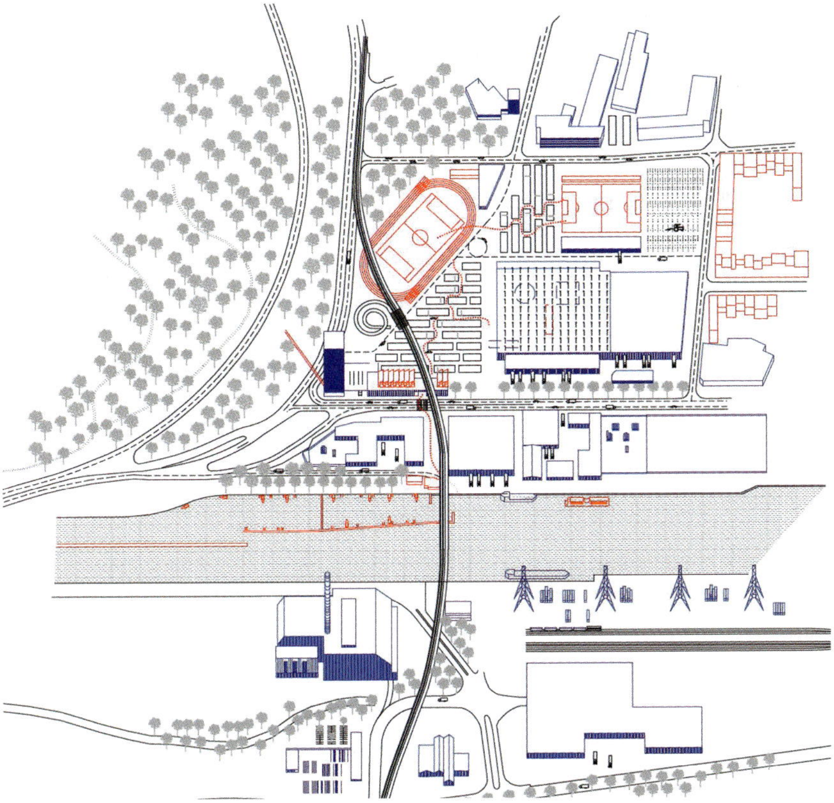

7 | Erasmushogeschool Brussel Neder-Over-Heembeek Neue Infrastruktur und architektonische Interventionen 2012

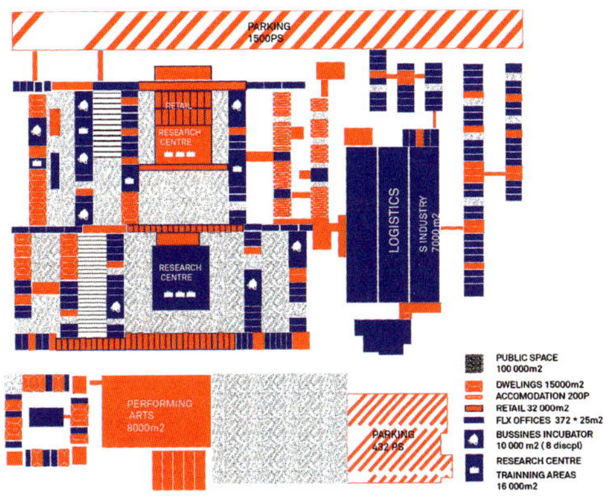

8 | Erasmushogeschool Brussel NATO Schematische Darstellung der Neunutzungsvorschläge 2012

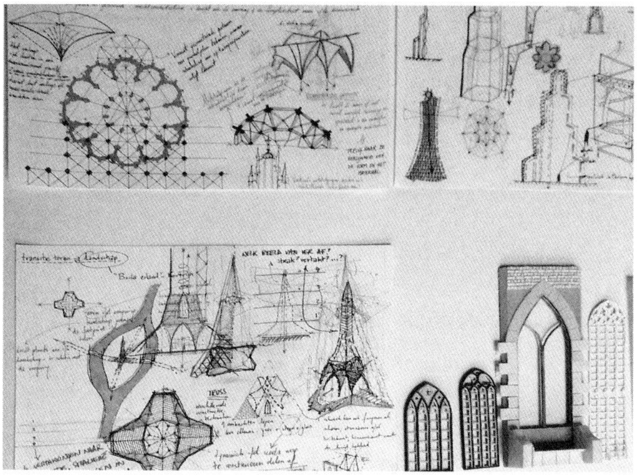

9-10 | Jo van den Berghe Genter Altar Detail zum Turmentwurf Untersuchungsskizzen zu architektonischen und konstruktiven Elementen 2014

Die Basis der Ausstellung ‚Die Provokation des scheinbar Unmöglichen' waren zwei vergleichbare Entwurfsaufgaben, die ihren Ursprung in einem Forschungsprojekt des Architekten Jo Van Den Berghe und der Künstlerin Mira Sanders an der Architekturfakultät Brüssel/Gent der KU Leuven (Sint Lucas) haben, das sich mit den poetischen Möglichkeiten der Architekturzeichnung auseinandersetzt. Die erste Aufgabe betrifft die Ergänzung der Darstellung auf dem Genter Altar der Brüder Van Eyck (1432), mit einem neuen ‚gotischen' Turm (Abb. 9-11), während der zweite Entwurf auf einer Analyse der Ruine der Abtei in Villers-la-Ville (Wallonisch-Brabant, Belgien) aus dem 12. Jahrhundert beruht und einen Vorschlag für eine Intervention vorsah, die sich an den materiellen und formalen Gegebenheiten orientiert (Abb. 12-13). Daneben kommt in diesem als Provokation gedachten Projekt das Potential der Materialisierung existenzieller Erfahrungen zum Ausdruck und damit die Frage von essentiellen Aspekten der Erfahrung des architektonischen Raums. All dies geschieht über die Untersuchung der Architektur mittels der Zeichnung und von Modellen im Maßstab 1:1.

In seiner Konzeption war vor allem dieses Projekt ein seltener Versuch, die Grenzen des Entwerfens zu erforschen und wohl auch die definitorischen Grenzen des Begriffs Forschung. Letztlich ging es um eine Untersuchung des Status der Architekturzeichnung, die hier als autonomes Werk erscheint. Als Ausstellung bot ‚Die Provokation des scheinbar Unmöglichen' zweifelsohne die sinnlichste Erfahrung und entsprach vielleicht am stärksten den

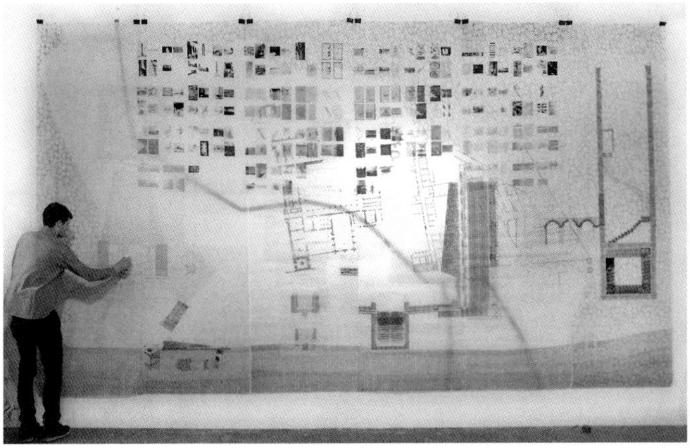

11-12 | Jo van den Berghe Villers-la-Ville Untersuchungsskizzen und Schnittmodell der Abtei Villers-la-Ville 2014

Erwartungen an das Format einer Ausstellung, das seine reale, körperliche Präsenz ausspielen muss. Die Modelle, Skizzen und maßstäblichen Zeichnungen in Bleistift oder Kohle luden die Besucher der Ausstellung ein, die Exponate gleichsam zu erfühlen. Gleichwohl bieten auch die konventionelleren Ausstellungskonzepte, die für die anderen Projekte gewählt wurden, Material für die öffentliche Auseinandersetzung mit den angewendeten Methoden und den Resultaten und warfen jeweils die Frage auf, wie Entwurfsprojekte als Teil der Ausbildung so eingerahmt werden können, dass sie sich kommunizieren lassen.

Die einfache Tatsache, dass jeweils ein Konvolut von visuellen Dokumenten in einem öffentlichen Raum zugänglich gemacht wurde und Gegenstand des Gesprächs wurde, lässt vermuten, dass das Instrument der Ausstellung in der Vermittlung von ‚Entwerfender Forschung' sinnvoll und diese Reihe nur ein erster Anfang für Untersuchungen ist, die Kommunikation über die Möglichkeiten und Unmöglichkeiten dieser und ähnlicher Versuche, Forschung und Lehre sinnvoll in Bezug zueinander zu bringen. Dabei muss allerdings klargestellt werden, dass diese Präsentation alleine diesen Entwurfsprojekten nicht den Status einer entwerfenden Forschung geben kann. Zwei Aspekte sind hervorzuheben. Die Ausstellung im Architekturinstitut ist zunächst ein Moment der Bestandsaufnahme, bei der die Beteiligten sich um eine klare visuelle und verbale Kommunikation der Ausgangslage, der Forschungsfragen und der Methodik bemühen müssen. Dabei bietet die Tatsache, dass die Ausstellung als räumlicher Rahmen eine formale Einheit darstellt und somit auch

13 | Jo van den Berghe Zeichnung des räumlich-materiellen Systems der Abtei Villers-la-Ville 2014

eine inhaltliche Kohärenz suggeriert, Vor- und Nachteile. Einerseits erlaubt sie überhaupt erst die Möglichkeit der Auseinandersetzung mit Ergebnissen der Arbeit der Universitäten. Andererseits kann sie als ein Moment der Endpräsentation missverstanden werden.

Gerade darum bekommt die kritische Diskussion, die im Rahmen der Ausstellung organisiert wird, einen besonderen Stellenwert, da sie nicht nur das professionelle Publikum von Städteplanern und Architekten anspricht, sondern auch eine erweiterte Öffentlichkeit für diese Form der Forschung herstellt. Insofern hat der Ausstellungsmoment ganz wesentlich auch die Funktion einer Initialzündung für die fortgesetzte Aufarbeitung der Ergebnisse der entwerfenden Forschung in der Form von Analysen und kritischen Artikeln, welche die kritischen Anmerkungen der verschiedenen Gesprächsteilnehmer aufnehmen. Für die eigentlich reflexive Arbeit an der entwerfenden Forschung bietet das Format der Ausstellung also einen potentiell wichtigen Impuls, der von den Universitäten und den beteiligten Wissenschaftlern in der Fortsetzung des Projekts verarbeitet werden muss.

ANMERKUNGEN **1** Els De Vos/Johan De Walsche, Why theory by design is an issue, in: Els De Vos et al. (ed.), Theory by design, Antwerpen: Artesis University College 2012 **2** Vgl. Jeremy Till, What is architectural research? Memorandum for the Research and Development Committee, London: RIBA 2007, https://www.architecture.com/files/ribaprofessionalservices/researchanddevelopment/whatisarchitecturalresearch 9.7.2016 **3** Margitta Buchert, Reflexives Entwerfen. Topologien eines Forschungsfelds, in: id. (ed.), Reflexives Entwerfen/Reflexive Design, Berlin: jovis 2014, 27 **4** Vorbehalte gegen die Anerkennung von ausschließlich entwerfenden Doktoratsdissertationen werden auch in der flämischen Debatte geäußert. Wouter Davidts/Maarten Delbeke/Johan Lagae/Andrew Leach, in: Marc Belderbos/Johan Verbeke, The unthinkable doctorate, Brüssel: NETHCA Sint Lucas School of Architecture 2005, 436 **5** Els De Vos/Johan De Walsche, 2012, op. cit. (Anm.1), 18/19 **6** Lara Schrijver, Architektonisches Wissen. Methode oder Mysterium?, in: Margitta Buchert 2014, op. cit. (Anm.3), 50-71, 57 **7** In Flandern erhalten in der Regel nur promovierte Wissenschaftler den Status ‚zelfstandig academisch personeel' (ZAP), der dazu berechtigt, in den Entscheidungsgremien vertreten zu sein. Für Berufspraktiker ergibt sich daraus eine marginale Stellung innerhalb der Universität. **8** Vgl. Jürgen Rosemann/Marieke van Ouwerkerk, Research by design, Delft: Delft University Press 2000; Vor allem an der Architekturfakultät Brüssel/Gent der KU Leuven wurde dabei auch die Möglichkeit neuer Formen der Promotionsforschung untersucht. Vgl. Marc Belderbos/Johan Verbeke, The unthinkable doctorate, Brüssel: NETHCA Sint Lucas School of Architecture 2005 **9** Vgl. Stefan Devoldere (ed.), Bouwmeesterrapport 2012-2015, Brüssel: Team Vlaams Bouwmeester 2015 **10** Tom Thys/Ward Verbakel, Breuckland. Design interventions for a post-crisis Brooklyn, Leuven: KU Leuven 2013 **11** Kenneth Jackson, Einführung, in: John Manbeck (ed.), The neighbourhoods of Brooklyn, New Haven/London: Yale University Press 2004, XXIX **12** Benoit Moritz/Philippe De Clerck/Yannick Vanhaelen, Re:work. Making place for industry, logistics and wholesale in Brussels, Brüssel: ULB/Erasmushogeschool 2013

THEORIEN ZEICHNEN PLÄNE DENKEN

Lara Schrijver

In diesem Kapitel werden einige vermischte Forschungspraktiken in der Architektur präsentiert. Ausgehend vom eigenen Lehren und Forschen an der TU Delft, am Dessauer Institut für Architektur und an der Fakultät für Entwurfswissenschaften der Universität Antwerpen wird versucht, den Mehrwert zu verstehen, der entsteht, wenn Alternativen für die Kommunikation von Forschungsresultaten experimentell erprobt werden. Was kann man entdecken, wenn ein Manifest gefilmt oder gezeichnet wird anstatt geschrieben? Wie wird der Charakter eines Grundrisses, wenn er nur in Worten beschrieben werden darf?

BESCHRÄNKEN Eine der zentralen Fragen in Forschungspraktiken ist, welches praktische Wissen sie enthalten. Diese Art von Wissensentwicklung wird gezeigt und kommuniziert durch das Schaffen, nicht durch das Sagen. Dieses Wissen hat einen leicht anderen Status als das traditioneller akademischer Forschungsdiskurse wie sie typischerweise verbalisiert oder geschrieben werden. Statt – gesprochener oder geschriebener – Wörter sind diese Entwurfspraktiken gegründet in einer formellen und formativen Analyse. Dies kann wie eine Kombination aus ‚materiellem Widerstand' und ‚Problemfindung' gesehen werden.[1] Wenn man skizziert, in Diagrammen argumentiert oder einige Lösungen herstellt, ist der Rahmen des Problems nicht völlig definiert. Stattdessen gibt es einige begrenzte Regeln – implizit oder explizit. Damit ist die Reichweite des Problems beschränkt.

Für die Entwicklung von Fähigkeiten für eine Aktivität, die so komplex ist wie das Entwerfen, muss man mit kleinen Schritten anfangen. Ein Lehrplan wird oft auf einer schrittweise zunehmenden Komplexität der Probleme aufgebaut. Weil man nicht alles zusammen lernen kann, muss man mit kleinen Schritten die Fähigkeiten lernen, genauso wie beim Musizieren. Das heißt dann auch, dass die Entwicklung von Fähigkeiten auseinandergezogen ist. Ein Beispiel dafür ist das Violinespielen, bei dem ein Kind zuerst lernt, nur die offene Violinsaite zu streichen, bis es einfach und automatisch geht. Danach kann das Kind üben, die Finger auf die Saiten zu setzen und damit ein einfaches Lied zu spielen.

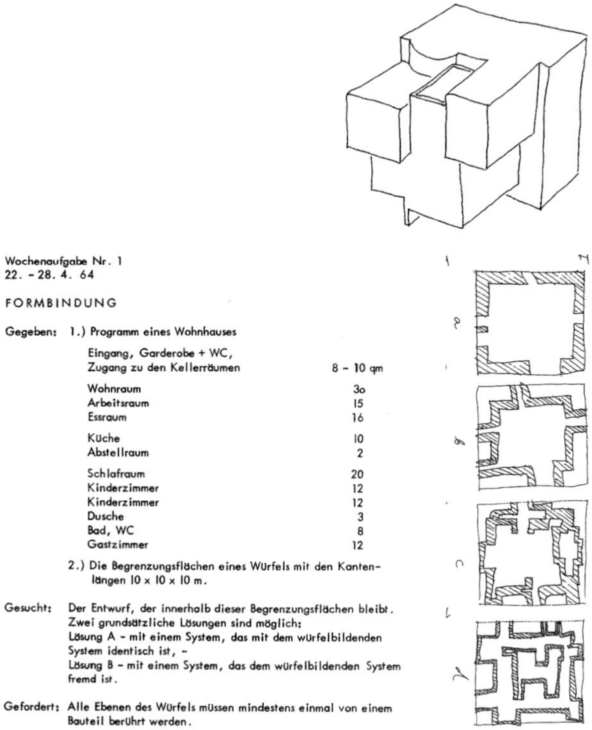

1 | O.M. Ungers Wochenaufgabe 1 Formbindung Berlin 1964

Beide Fähigkeiten – Streichen und Fingersetzung – werden entwickelt durch Übungen, die am Anfang ganz einfach sind und später komplex werden.[2]

Dieser Prozess zeigt die Wichtigkeit der kontrollierten Bedingungen: Durch das Beschränken der Zahl der gleichzeitig geübten Fähigkeiten werden einige Elemente des Musikspielens zum Reflex – zur automatischen Bewegung, die keinen bewussten Gedanken braucht. Das wird erreicht durch Übung. Nur dann können auch die komplizierteren Aufgaben wie beispielsweise die Klangbildung weiterentwickelt werden. Das haben die Praktiken gemeinsam: Sie basieren auf Übung. Die Übung braucht man, um mit einfachen Handlungen ‚automatisiert' zu komplexen Ergebnissen im Ganzen zu kommen wie bei einem Entwurf. Die Automatisierung wird am Besten erreicht, wenn man zuerst unter ‚kontrollierten Bedingungen' ganz spezifische einzelne Aktionen übt.

Diese kontrollierten Bedingungen sind wesentlich für die Entwicklung von Entwurfsfähigkeiten, die derzeit in den Lehrplänen manchmal zu wenig genutzt werden. Außerdem werden verschiedene Medien im Entwurfsprozess eingesetzt, womit eine weitere Komplexität entsteht. Schließlich ist Entwerfen nicht nur eine Sache der Übung, sondern im Grunde auch ein ‚Sprung' vom theoretischen Wissen zur Verwirklichung des Wissens durch Praktiken.

Wochenaufgabe Nr. 4
11. - 18. 7. 65

MATERIALBINDUNG

Gegeben: 1.) Programm eines Wohnhauses

Eingang, Garderobe + WC Zugang zu den Kellerräumen	8 - 10 qm
Wohnraum	36
Arbeitsraum	15
Essraum	16
Küche	10
Abstellraum	2
Schlafraum	20
Kinderzimmer	12
Kinderzimmer	12
Dusche	3
Bad, WC	8
Gastzimmer	12

2.) Material: Mauerziegel DF (5,25x11,5x24 cm)

Gesucht: Der Entwurf eines Wohnhauses.
Die Materialbindung gilt auch für Decken, Fussböden und Dachkonstruktion.
Nur Fenster, Türen und Dichtungen dürfen in anderen Materialien ausgeführt werden.

Gefordert: 1.) Das Haus muss 2-geschossig sein.
2.) Der Wohnraum muss einen quadratischen Grundriss haben.

2 | O.M. Ungers Wochenaufgabe 4 Materialbindung Berlin 1964

Ü B E N Im vorliegenden Kapitel stelle ich einige Beispiele vor, die sich spezifisch aus der Unterrichtsform ergeben. Einige dieser Beispiele sind mehr oder weniger bekannte Unterrichtspraktiken der Architektur, wie die von O.M. Ungers und John Hejduk. Bei anderen Beispielen handelt es sich um meine eigenen Lehrpläne oder Workshops. In allen Fällen kann man sagen, dass es um eine offene Weise des Denkens geht – im Sinne der ‚bounded rationality' des Wissenschaftstheoretikers Herbert Simon, die besagt, dass das Wissen über ein Objekt nicht vollständig rational erfassbar, sondern auch intuitiv und nie ganz feststehend definiert ist.[3] Sie erfordert vielmehr ein aktives Engagement der Studierenden. Es ist also keine mimetische Praxis, sondern eine Form der Eingliederung des Wissens in ein Projekt oder eine Praktik.

Die Forschungspraktiken der Entwurfsdisziplinen haben einige Gemeinsamkeiten mit den experimentellen Wissenschaften, dort, wo sie mit einer Serie kontrollierter Bedingungen eine Hypothese erproben. Das Entwurfsstudio selbst ist wie eine kontrollierte Bedingung, mit spezifischen Beschränkungen, die eine Fokussierung ermöglichen auf einige Gegebenheiten, die man erproben oder Entwurfsprinzipien, die man entwickeln will. Das war der Fall bei den sogenannten Wochenaufgaben von O.M. Ungers, die er 1964-1965 an der TU Berlin im Unterricht ausgegeben hat (Abb. 1-2).[4] Jede Aufgabe fing mit demselben Programm an, ein Haus mit Gästezimmer und mit derselben Quadratmeterzahl.

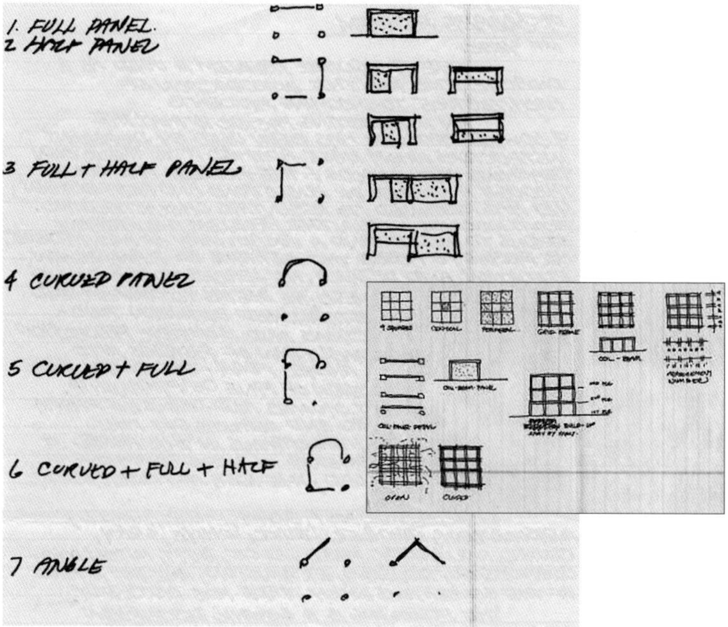

3 | John Hejduk Nine-square problem UT Austin

Da er jede Woche vom Programm und Umfang her dasselbe erfragte, war es möglich, die Entwicklung der Entwurfskompetenzen zu fokussieren, bezogen auf die Fähigkeit, die er jede Woche üben lassen wollte. So war es in der einen Woche vielleicht die ‚Materialbindung', wobei alle Flächen aus einem Material sein mussten, oder in der nächsten Woche vielleicht die ‚Formbindung' mit umgrenzten Volumenstudien oder die ‚Funktionsbindung' mit spezifischen Relationen zwischen funktionalen Räumen.

John Hejduk und die Texas Rangers haben ihren Lehrplan entwickelt wie die Bauhauspädagogik. Sie adaptieren diese Grundlagen des Entwerfens für den neuen Lehrplan der University of Texas at Austin.[6] Hejduk hat hier sein ‚nine-square problem' entwickelt: eine Raumgestaltung mit einfachem Programm. Es war deshalb geeignet für Experimente in der Komposition.

In beiden Fällen sind die Übungen eine Art kontrollierter Bedingung, mit einem ausschließlichen Fokus auf die Entwicklung des Notwendigen. Im Fall der Wochenaufgaben war es das Programm, das immer dasselbe bleibt. Damit wurde das Programm eigentlich ‚unbewusst': Es war eher eine Bedingung als eine Problemstellung. Die ganze Aktivität des Entwerfens und Denkens wurde fokussiert auf nur einen Aspekt des Entwurfs. Die Studenten werden nicht zerstreut durch ‚irrelevante' Informationen. Die Wiederholung desselben Programms jede Woche introduziert auch ein Element der Alltagspraxis von Büros im ganzen Studio: Die Studierenden sollen wieder ein Haus entwerfen, auch gibt es wieder einen Raum für die Gäste, und auch ist es wieder ein gleichartiges Volumen. Nur geht es dieses Mal um die funktionelle Beziehung der Elemente des Programms.

Ebenso hatte auch die Aufgabe ‚nine-square problem' von Hejduk eine Fokussierung, aber eine ganz andere: Sie abstrahierte die Aspekte, die in den Wochenaufgaben entscheidend waren (Abb. 3).[6] So wurden Material, Funktion und weitere realisierungsbezogene Eigenschaften verworfen, damit der Entwurf auf räumliche Komposition konzentriert werden konnte. Hier dienten das 3x3 m-Raster und die Elemente dazu, einen Mechanismus zu erzeugen, mit dem die Studierenden räumliche Geometrien untersuchen konnten. Auch hier war die Wiederholung entscheidend: Es war ein wiederholtes Arbeiten an der Komposition und den möglichen Variationen, die den Studierenden die Regeln und Ausnahmen klarmachten. Diese waren ebenso zentral für das Experiment wie das abschließende ‚Resultat'.[7]

VERSTEHEN LEHREN Ein weiterer Aspekt ist die Übung mit verschiedenen Medien und insbesondere die Spannung zwischen dem Visuellen und dem Textlichen. Damit verbunden ist die Frage der ‚Übersetzung'. In der akademischen Forschung ist es immer sehr wichtig, alles in Worten zu erklären und alles in einer Art von akademischer Argumentation zu verdeutlichen. Aber kann man denn die visuellen Aspekte völlig erläutern? Und was sagen die Bilder wirklich?

Bilder sind ein wesentlicher Teil des Alltags geworden, und damit ist es auch schwieriger sich vorzustellen, was ein ‚nicht-referentielles' Bild sein kann oder dass man vielleicht nicht alle Aspekte des Bildes sehen kann. Die Bilder bestimmen die alltägliche Umgebung, aber zugleich findet auch eine Abstraktion statt. Logos und Ikonen ersetzen Namen, stehen für Ideen und selbst für Wörter. So werden visuelle Kenntnisse und Fähigkeiten zum notwendigen Element des Lehrplans – aber zugleich wird oft vergessen zu erläutern, was das bedeutet.

Im Nachfolgenden werden einige Beispiele studentischer Arbeiten aus einen Seminar an der TU Delft von 2009-10 gezeigt. Für dieses Seminar sollten die Studierenden theoretische Texte des Architekten durch und mit Zeichnungen erfassen und verstehen. Zu Anfang sollten sie einige Texte und Projekte untersuchen und damit primär bildlich eine eigene Interpretation entwickeln mit so wenig Worten wie möglich. Zwei Projekte hatten eine Beziehung zu OMA und Rem Koolhaas. Sie fingen an mit Ideen aus den Texten und benutzten die Ideen für die Entwicklung einer neuen Darstellung und Interpretation des Projektes Melun-Sénart (1987) und des Parc de la Villette (1989) (Abb. 4-5).

4 | Studentische Arbeit City analogy TU Delft 2010

In beiden Fällen sollten die Studenten am Anfang ihre Ideen im Bild zeigen – und wenn sie nach erklärenden Wörtern suchten, sollten sie andere Zeichnungen machen, damit sie eine bessere Erläuterung erreichen. Das Seminar basierte auf der Annahme, dass die Interpretation in Zeichnungen, Icons und Bildern und einem absoluten Minimum an Worten auf eigene Weise zu verstehen war. In sieben Wochen wurde von den Studenten gefordert, sich vom Lesen und Schreiben zu lösen und ihre Gedanken in Zeichnungen zu erklären.

Was die meisten Schwierigkeiten bereitete, waren nicht die Produktion der Ideen oder das Experimentieren mit dem Zeichnen, sondern es waren vielmehr Fragen der Kommunikation. Die Studierenden benutzten oft Titel, Beschreibungen oder sprachliche Präsentationen der Erklärung ihrer Ideen und Zeichnungen. Durch das immer weitere Fragen danach, ob ihre Bilder und ihre Worte dasselbe ‚sagten', lernten sie erst, ihre visuellen ‚Mitteilungen' zu verdeutlichen.

ÜBERBRÜCKEN Im Feedback zum Seminar äußerten die Studierenden oft, dass sich die wertvollste Lektion auf Fragen des Übersetzens bezog: Sie lernten die gezeigten Worte und Bilder nicht einfach zu akzeptieren, wie sie sind, sondern sie zu untersuchen und zu prüfen, insbesondere im Hinblick auf die Kommunikation und darauf, dass sie jeweils andere Wirkungen haben.

Schlussendlich ist eines der entscheidenden Elemente der Architektur – im Unterricht und in den Lernprozessen ebenso wie vielleicht auch in Bezug auf die gesellschaftliche Wirkung – die wesenhafte Überbrückung einer Lücke. Das Entwerfen kann man nicht nur mittels der Theorie unterrichten (oder lernen), ebenso wie man nicht nur durch Lesen oder einfaches Beobachten lernt, ein Musikinstrument zu spielen. Wenn alles erklärt wird,

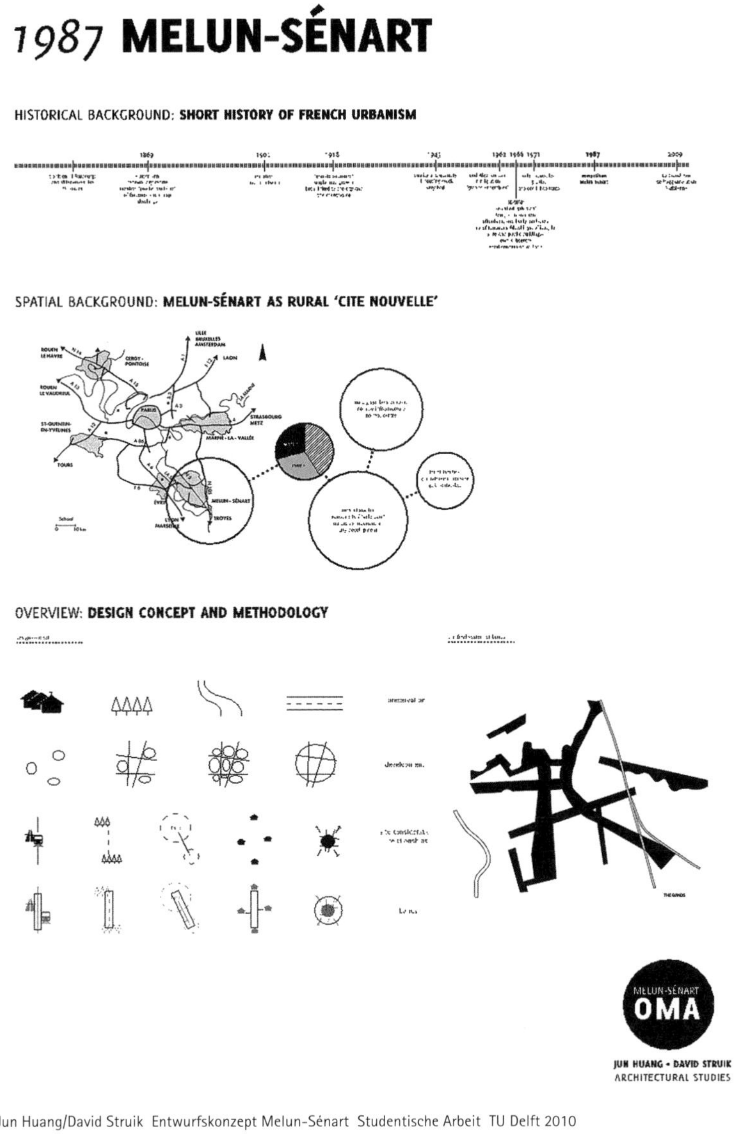

5 | Jun Huang/David Struik Entwurfskonzept Melun-Sénart Studentische Arbeit TU Delft 2010

6 | Marie-Jose Van Hee Planungstätigkeit auf einer Baustelle 1980er Jahre

muss der/die Studierende noch immer selbst die Verbindung herstellen zwischen der theoretischen Kenntnis und dem praktischen Wissen. Ein junger Musiker muss mit dem Geigenbogen die Saite streichen, wenn er spielen lernen will. Ebenso ist es unwahrscheinlich, dass ein Komiker Erfolg haben wird, wenn er nur Bücher liest und nur das Konzept von Humor versteht.[8] Das Wissen, dass etwas komisch ist, ist wesentlich anders als das Wissen, wie man Menschen zum Lachen bringt.

Daher ist die Aktivität des Zeichnens und Bauens ebenso wesentlich für die Entwicklung des Architekten wie die theoretische Kenntnis. In der Arbeit von Marie-José Van Hee, einer flämischen Architektin, sieht man zum Beispiel eine große Zurückhaltung in der Erklärung der Ideen ihrer Arbeit. Stattdessen redet sie über räumliche Qualität, über Licht und über Materialien. In gewissem Maße kann man sogar sagen, dass ihr Werk weniger bekannt geworden ist, weil sie weniger textlich erklärt.[9] Trotzdem genießen ihre Bauten aufgrund ihrer räumlichen Qualitäten eine hohe Reputation. Kürzlich hat sie im

Flämischen Architekturinstitut (VAi) einen Vortrag gehalten, bei dem sie ebenfalls hauptsächlich darüber sprach, wie man entwirft und baut.[10] Sie sprach immer von sehr greifbaren Sachen, was vielleicht andeutet, dass ihre Bauten so entwickelt wurden, wie sie sind, weil Van Hee mit viel Geduld das Entwerfen und ihre Zeichenfähigkeiten übte (Abb. 6).

Für das Überbrücken gibt es in ,Plein 12' einen Workshop, der 2012 durch die Akademie der Künste ArtEZ Arnhem organisiert wurde.[11] Das Thema des Workshops war ,Handwerk und Übung'. Die Studierenden hatten ,The Craftsman' von Richard Sennett gelesen und ,Du mußt dein Leben ändern' von Peter Sloterdijk. Dann wurden sie in Gruppen geteilt und für jede Gruppe entwickelten ein oder zwei Professoren in Bezug auf die Texte eine Aufgabe. Ich war eingeladen, zur Aufgabe von Ralph Brodrück (TU Eindhoven) beizutragen, der entschieden hatte, dass die Studierenden mit Stahl arbeiten sollten.

Im Prozessverlauf haben wir entdeckt, dass die Gespräche über Ideen und Materialwiderstand (,material resistance') für die Studierenden greifbarer wurden, weil sie gleichzeitig mit dem Stahl kämpften in ihrem Versuch, ihn in einer Formidee zu beugen (Abb. 7). Außerdem war auch der Lernprozess des Lichtbogenschweißens ein Experiment in Bezug auf eine angemessene Beschreibung der Aktivität durch den Lehrenden und für die Studierenden durch die Versuche, die Lücke zu überbrücken. Als Brodrück die Physik des Lichtbogenschweißens erklärte, zeigte er auch wie die Studierenden das erste Fünkchen bekommen konnten. Demnach sagte er ,zieht ihr das zurück, aber nicht zu weit', damit der Funke aktiv bleibt. Zu dicht in der Nähe des Stahls, und das Schweißen versiegt im Stahl; zu weit weg, und der Funke verschwindet und muss wieder aufs Neue angefacht werden. Nach dieser Erläuterung konnten die Studierenden es versuchen, und es war ihre eigene Anstrengung, dass sie wirklich erfassten, was ,Zurückziehen, aber nicht zu weit' bedeutete.

Michael Polanyi trägt bei zum Verständnis für den Prozess des Lücke-Überbrückens und ebenso dazu, wie wir eine Aktivität beschreiben können. Die Anstrengung der Studierenden ist entscheidend, aber der Erfolg ist auch abhängig von dem Vermögen der Lehrenden, eine angemessene Beschreibung zu bieten. Die Lehrenden sollen explizite Annäherungen an die Beschreibung der Aktivität üben. Aber mit jeder Definition bleibt auch immer „a gap to be bridged by an intelligent effort of the person using our definition", wie dies Polanyi beschrieb. Polanyi sagt damit auch, dass die Annäherung an die Beschreibung ,nicht' eine explizite Form schrittweiser Lenkung konkreter Schritte ist. Er äußert: „[...] to the extent to which our teaching will have to rely for its success on our pupil's intelligent and dexterous effort to carry out our instructions, we are, in fact, not defining what he has to do."[13]

Schlussendlich wird man sagen, dass die Beziehung zwischen Studierenden und Lehrenden ausschlaggebend ist für die Ausbildung im Entwerfen. Für den Lehrenden bedeutet es, die Fähigkeiten in der Unterweisung zu entwickeln. Für die Studierenden bedeutet es, sowohl die Fähigkeiten wie auch die Motivation aufzubauen, selbst die Lücke zu überbrücken zwischen der theoretischen Kenntnis und der Formation der Fähigkeiten für die Praktiken.[14] Die Entwicklung der eigenen Arbeit der Studierenden steht auch im großen Rahmen der Entwicklung der Kenntnisse zur Architektur. Seit einigen Jahren nimmt die Bedeutung des ‚Design Research' stetig zu, aber bei der Wertung der Resultate gibt es noch viel Diskussionsbedarf. Mit den Ideen des reflexiven Entwerfens und dem differenzierteren Verständnis des expliziten und impliziten Wissens entwickeln sich schrittweise auch konkretere Vorstellungen vom Mechanismus des Entwerfens, die zum Überbrücken der Lücken zwischen theoretischen und praktischen Kenntnissen beitragen. So werden auch weitere Charakterisierungen zu körperlichem Wissen ermöglicht, wie sie bereits durch Polanyi angeregt wurden und jetzt in den neueren Neurowissenschaften weiter untersucht werden.[15]

7 | Ralph Brodrück/Lara Schrijver Plein 12 ArtEZ Arnhem Workshop steel 2012

8 | Ralph Brodrück/Lara Schrijver Plein 12 ArtEZ Arnhem Workshop steel 2012

ANMERKUNGEN **1** Richard Sennett, The craftsman, New Haven: Yale University Press 2008 **2** Sowohl Gilbert Ryle als auch Michael Polanyi gebrauchen ähnliche Analogien – insbesondere Fahrradfahren (Polanyi) oder Schachspielen und Kochen (Ryle), die jeweils spezifische Ebenen von Denken und Tun kombinieren. **3** Vgl. Herbert Simon, Theories of bounded rationality, In: C. B. McGuire/Roy Radner (eds.), Decision and organization, Amsterdam: North-Holland Publishing Company 1972; Herbert Simon, Rationality in psychology and economics, in: Robin M. Hogarth/Melvin W. Reder (eds.), Rational choice, Chicago: The University of Chicago Press 1987, 25-40 **4** Oswald Mathias Ungers, Wochenaufgaben 1965, Veröffentlichungen zur Architektur 1, 1965; cf. Oswald Mathias Ungers et al., Wochenaufgaben, ARCH+ 179 (2006): Oswald Mathias Ungers. Berliner Vorlesungen 1964-65, 140-147 **5** Alexander Caragonne, The Texas Rangers. Notes from the architectural underground, Cambridge, Mass: MIT Press 1995 **6** Timothy Love, Kit-of-Parts Conceptualism, Harvard Design Magazine 19 (2003-2004), in: http://www.harvarddesignmagazine.org/issues/19/kit-of-parts-conceptualism-abstracting-architecture-in-the-american-academy/ 17.7.2016 **7** ibid. **8** Eine andere Präsentation bezog sich auf das Beispiel von John Cleese, der äußerte, dass er über Humor sprechen oder dort stehen und Witze erzählen könne. **9** Caroline Voet/Katrien Vandermarliere/Sofie De Caigny/Lara Schrijver (eds.), Autonomous architecture in Flanders, Leuven: Leuven University Press 2016 **10** Marie-Jose Van Hee, Lecture, Flemish Architecture Institute Antwerp 14.3.2016 **11** Wim Nijenhuis entwickelte die Themen und die Struktur und den zur Teilnahme eingeladenen Lehrenden wurde jeweils ein Thema gegeben, das sie zu einer Aufgabe entwickeln sollten. **12** Michael Polanyi, Tacit knowing. Its bearing on some problems of philoosphy, Reviews of Modern Physics 34 (1962)/4, 601-616 **13** ibid., Sennett schreibt auch weiter über angemessene Beschreibung im Kochen; bei ihm heißt es ‚expressive instructions', op. cit. (Anm.1), 179-193 **14** Harry Collins and Robert Evans, Rethinking expertise, Chicago: University of Chicago Press, 2007 **15** Harry Francis Mallgrave, Architecture and embodiment, Oxon: Routledge 2013

ENTWURF IN DER KRISE

Katja Benfer | Cyrus Zahiri

„And having spend several weeks on it, I can state categorically, what I can tell you tonight, about how you all can become more creative, is a complete waste of time." Mit diesem Satz beendet John Cleese seinen Vortrag zum Thema Kreativität - 82 Sekunden nach Beginn. Er begründet die Kürze seines Vortrags wie folgt: „The reason, why it is futile for me to talk about creativity, is that it simply cannot be explained."[1]

John Cleese's Einleitung ist aber noch aus einem zweiten Grund bemerkenswert. Er hat die Einladung zum Vortrag besonders gerne angenommen, da die dazu notwendige Vorbereitung ihm die Chance bietet, sein Wissen zum Thema Kreativität zu ordnen und vorzustellen. Er geht davon aus, dazu auf eigene Erfahrungen sowie auf breites Expertenwissen zurückgreifen zu können. Während der Vorbereitung verliert aber der Vortragsgegenstand zunehmend an Kontur. Trotzdem glaubt Cleese bis zuletzt daran, das Thema bewältigen zu können. In der kurzen Einleitung betont er seine Begeisterung und die damit verbundene Erwartung – direkt danach beendet er seinen Vortrag und durchläuft damit nacheinander Phasen des Hoffens und des Scheiterns.

Cleese's Einleitung zeigt, dass schöpferisches Wissen oft erst im Laufe einer intensiven Auseinandersetzung mit einer Fragestellung entsteht. Dabei kann sich dieser Prozess in eine vorab unabsehbare und unbeabsichtigte Richtung entwickeln. Eine Prognose zu den Ergebnissen ist nur eingeschränkt möglich. Die Suche nach einer schöpferischen Lösung erfordert den Einsatz von Ressourcen und die Überprüfung von Vorstellungen und Handlungsoptionen. Entsprechend ist sie eingebettet in einen widersprüchlichen Mix aus unterschiedlichen Emotionen. Sind die eingesetzten Mittel ausgeschöpft oder kommt kein brauchbares Ergebnis zustande, muss der Entwerfende die damit verbundene Krise durchstehen. Das Nebeneinander unterschiedlicher Impulse und Gefühle ist eine wichtige, aber wenig beachtete Eigenart kreativer Prozesse.

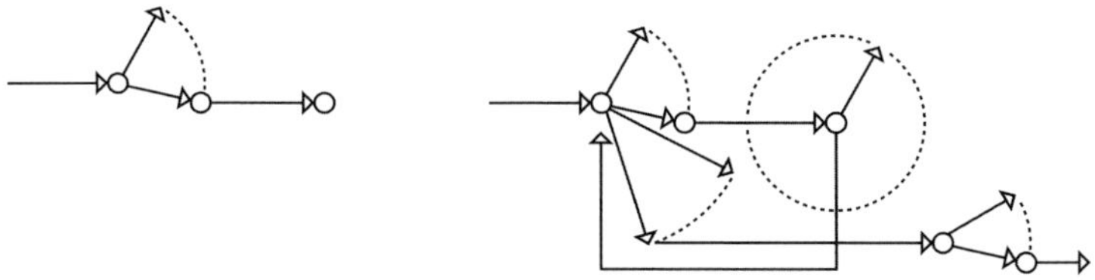

1 | Horst Rittel/Wolf Reuter Absuchen des Lösungsfelds 1992

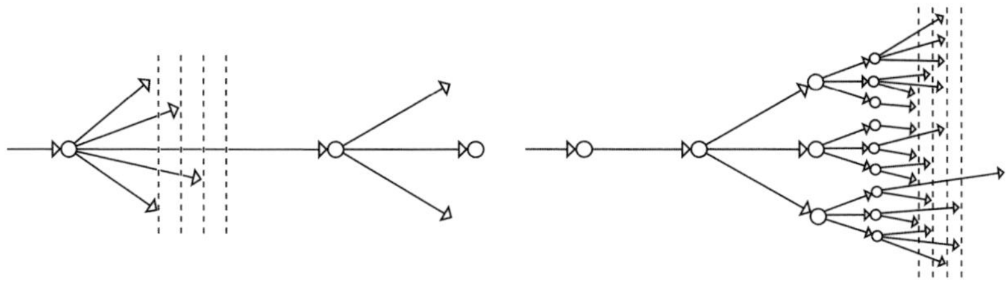

2 | Horst Rittel/Wolf Reuter Lösungsraum und Bewertungsfilter 1992

Im Folgenden wird eine Annäherung an das Entwerfen aus zwei Perspektiven versucht. Als Leitmotiv dienen die beiden Aspekte aus Cleese's Einleitung zum Thema Kreativität. Im ersten Teil werden Bausteine zusammengestellt, die einen schöpferischen Prozess initiieren und begleiten können. Wie von Cleese vorher gesehen, bleibt diese Zusammenstellung unvollständig. Sie sichert weder eine gelingende noch eine zufriedenstellende Entwurfslösung. Je nach Fragestellung muss sie vom Entwerfenden jeweils individuell angepasst und in Bezug auf ihre Ergebnisse überprüft werden. Die vorgestellten Bausteine bilden dann den Hintergrund für eine zweite Annäherung, die versucht, eine ‚Landschaft' aus unterschiedlichen Gefühlen zu skizzieren, die den Entwurfsprozess einfasst. Stellvertretend werden dazu vier typische Krisen im Entwurfsprozess vorgestellt. Während im ersten Teil überwiegend auf bekannte Thesen verwiesen wird, versteht sich der zweite Teil als Trittstein zur Annäherung an bislang wenig berücksichtigte Zusammenhänge zwischen Entwurfsprozess und Emotionen.

ZWISCHEN VARIETÄTSERZEUGUNG UND URTEILSFINDUNG

Anfang der 1980er Jahre vergleicht Cross unterschiedliche Untersuchungen zum Thema Entwerfen. Wie Cleese ist er der Meinung, dass die Arbeit des Entwerfenden nicht umfassend beschreibbar ist, da die dazugehörigen Arbeits- und Denkprozesse sich sprachlich nicht ausdrücken lassen: „The way designers work may be inexplicable, [...] because these processes lie outside the bounds of verbal discourse: they are literally indescribable in linguistic terms."[2] Beschreibbar ist nur ein sehr kleiner und möglicherweise nicht bedeutender Teil des Entwurfsprozesses. Entwurfliches Know-How entwickelt sich demnach weitgehend als implizites Handlungswissen, das in der praktischen Auseinandersetzung mit unterschiedlichen Aufgaben gesammelt wird. Aus den dabei gemachten Erfahrungen entwickelt der Entwerfende typische Herangehensweisen, die höchstens in Ansätzen

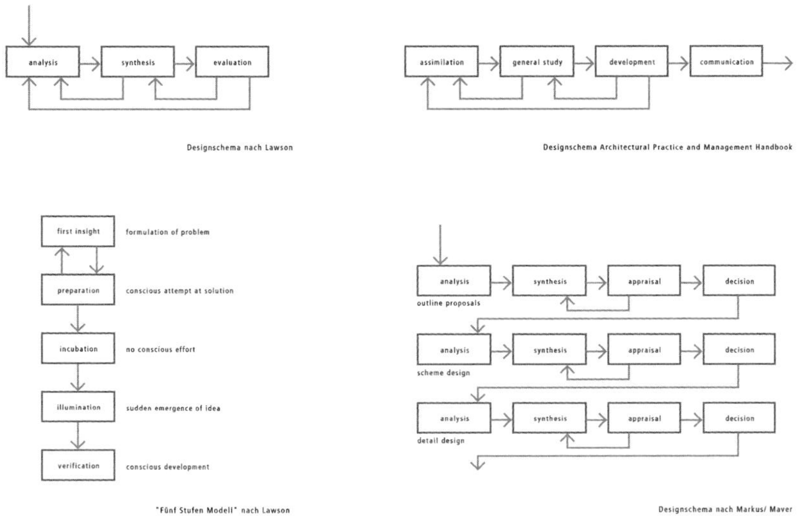

3 | Bryan Lawson Designschemata 1980

beschreibbar oder übertragbar sind.[3] Unter Berücksichtigung der von Cross formulierten Einschränkungen ermöglichen die folgenden Thesen lediglich erste Annäherungsversuche an das entwurfliche Arbeiten.

Wer entwirft, versucht ein Stück wünschenswerte Zukunft zu erfinden. Auf dem Weg dazu ist er mit einer Reihe von Fragen konfrontiert: Welche Zukünfte sind denkbar? Welche Merkmale sind erstrebenswert? Welche Gewichtung von Eigenschaften ist sinnvoll? Wie kann Zukünftiges vorab simuliert werden? Der Entwurfsprozess organisiert sich entlang des Versuchs, diese Fragen zu beantworten. Das dazugehörige Lösungsfeld lässt sich nicht abschließend klar abstecken und bleibt stets erweiterbar. Zusätzlich tauchen während der Bearbeitung neue Fragen auf.

Die hier angedeuteten Eigenschaften des Entwurfsprozesses kennzeichnen für Rittel ein ‚verzwicktes Problem'. Zu dessen Merkmalen zählt er unter anderem die Unüberschaubarkeit möglicher Lösungen, die Abhängigkeit zwischen Herangehensweise und Lösung sowie eine große Offenheit hinsichtlich möglicher Versuchsanordnungen. Auch lassen sich realisierte Projekte nachträglich nicht mehr korrigieren.[4] Rittel zufolge spannt der Entwerfende zur Erkundung eines ‚verzwickten Problems' ein Feld aus möglichen Lösungsansätzen auf (Abb. 1). Im Laufe seiner ‚Expedition' tauchen neue Randbedingungen und Interessenlagen auf. Auf diese Veränderungen kann er auf zwei Weisen reagieren: durch das Erweitern und Zuspitzen bestehender Entwurfsansätze oder durch ein Ausweiten des Lösungsfeldes durch das Einbeziehen neuer Ansätze. Um die unterschiedlichen Anforderungen zu bewältigen, schlägt Rittel ein zweistufiges Verfahren vor. Zur Annäherung und Schärfung der Fragestellung sollen gleichzeitig unterschiedliche Lösungsvarianten entwickelt werden. Aus ihrer Gegenüberstellung lassen sich Entscheidungsfilter ableiten, mit deren Hilfe besonders geeignete Ansätze ausgewählt und vertieft werden können (Abb. 2).

4 | Katja Benfer/Cyrus Zahiri Nebeneinander unterschiedlicher Arbeitstechniken im studentischen Arbeitsraum

Lawson und andere Autoren schlagen jeweils weitergehende Gliederungen des Entwurfsprozesses vor. Lawson führt dazu in einer frühen Studie die Abschnitte ‚erster Einblick', ‚Vorbereitung', ‚Inkubation', ‚Erleuchtung' und ‚Bewertung' ein.[5] Dagegen sehen Markus/Maver, Gänshirt oder Bielefeld jeweils andere Stufen vor (Abb. 3).[6] Unabhängig davon verweisen aber alle Autoren darauf, dass eine trennscharfe Gliederung des Entwurfsprozesses nicht möglich ist, da einzelne Arbeitsphasen ineinander übergreifen oder iterativ durchlaufen werden. Nachfolgend wird darauf verzichtet, den Entwurfsprozess in eine lineare Abfolge aufzuteilen. Stattdessen wird an Rittels Zweiteilung von Varietätserzeugung (‚opportunity seeking') und Beurteilung (‚decision-making') festgehalten.

Innerhalb des von Rittel beschriebenen Verfahrens zwischen Varietätserzeugung und Urteilsfindung lassen sich folgende Schritte unterscheiden: Erstens das Übersetzen von Ideen in fassbare und nachvollziehbare Artefakte und das Auswählen dazu geeigneter Darstellungsmethoden.[7] Dieses ist gekoppelt an das Suchen nach geeigneten Ordnungs- und Bezugssystemen, um möglichst viele Anforderungen in ein sinnvolles Verhältnis zueinander zu setzen.[8] In dem zweiten Schritt geht es dann um das Vergleichen und Bewerten der bisher entwickelten Lösungsansätze und das Reflektieren des Entwurfsstandes und Festlegen der nächsten Arbeitsschritte. Nachfolgend sollen nur die ersten beiden Aspekte näher betrachtet werden.

ENTWERFEN ALS KOMBINATION UNTERSCHIEDLICHER ARBEITSWEISEN Entwurfsansätze müssen dargestellt werden, um sie fassen und bearbeiten zu können. Diese Wechselwirkung zwischen Konzipieren und Darstellen erläutert Gänshirt anhand der Doppelbedeutung des Begriffs ‚disegno'.[9] Zur Untersuchung von komplexen Zusammenhängen reicht meist eine Darstellungsform nicht aus. Entsprechend werden dazu verschiedene Darstellungstechniken kombiniert (Abb. 4). Zu den bewährten Methoden gehören Skizzieren und Zeichnen in unterschiedlichen Projektionsarten sowie der Modellbau. Ergänzend eingesetzt werden Fotografie, Collage, Film sowie eine breite Palette an digitalen Techniken.

Gleichzeitig werden ständig neue Darstellungsformen auf ihre Eignung hin überprüft und ,zweckentfremdet'. Fast alle einschlägig genutzten Programme – von CAAD über Bildbearbeitung bis zu Modelling Software – waren ursprünglich für andere Einsatzbereiche konzipiert.[10]

Rheinberger zufolge übernimmt die Darstellung drei wesentliche Aufgaben: Als ,Stellvertreter' verweist sie auf ,Analogien und Konstrukte'[11], sie ,verkörpert' in Form von ,Modellen und Simulationen' und sie erlaubt eine ,Form der Realisierung' im Sinne von ,experimentell realisierten Spuren'.[12] Darstellung ist demnach kein ,Widerspiegeln', sondern ein ,Erfassen und Erzeugen'. Für Rheinberger ist „Repräsentation [...] immer auch Intervention, Invention und Kreation."[13] Besonders anschaulich wird seine These am Entwurf zur Bibliothek von Jussieu von OMA. Das Gebäude ist als Landschaft aus Faltungen und Einschnitten organisiert. Die frühen Arbeitsmodelle sind aus Papier und wurden mit der Schere bearbeitet. Die für den Entwurf gewählte Darstellungstechnik beeinflusst und bestimmt die Konzeptfindung (Abb. 5-7).

Rheinberger sieht das Experiment als Bastelei und Bricolage. Dabei unterscheidet er bewusst nicht zwischen wissenschaftlichen und künstlerischen Arbeitsweisen.[14] „Die Gedanken von Erfindern und Wissenschaftlern richten sich ganz ähnlich wie die von Künstlern nicht auf die Erkenntnis des Bestehenden, ihre Vorstellungen konzentrieren sich auf zukünftige Möglichkeiten."[15] Er versteht Kunst und Wissenschaft jeweils als „Maschinerien zur Herstellung von Zukunft".[16] Im Experiment können „gängig verwendete Werkzeuge [...] neue Funktionen annehmen. Geraten sie in Zusammenhänge, die über ihre ursprüngliche Zwecksetzung hinausgehen, [...] können Eigenschaften an ihnen sichtbar werden, die [...] nicht beabsichtigt waren".[17] Als Experimentalanordnungen ermöglichen sie ,unvorwegnehmbare Ereignisse' und damit die Herstellung von Wissen, das noch nicht zur Verfügung steht.[18] Dabei wissen „die damit Befassten nie genau, wie und wohin sich die Anordnung differenzieren wird." Ziel ist es, „epistemische Dinge" zu entwickeln, „Diskurs-Objekte", „in denen sich Begriffe verkörpern". Rheinberger unterscheidet „epistemische Objekte" von Methoden, denn „keine Methode hat je zu einer Erfindung geführt".[19]

Rheinbergers Thesen lassen sich im Nebeneinander der Arbeitsmodelle des Büros OMA veranschaulichen. Sie dokumentieren die Zwischenschritte des Entwurfsprozesses. Dabei spielen die jeweils eingesetzten Darstellungsmethoden und Medien eine wichtige Rolle. Koolhaas beschreibt die entsprechende Arbeitsweise am Beispiel des Landschaftsarchitekten

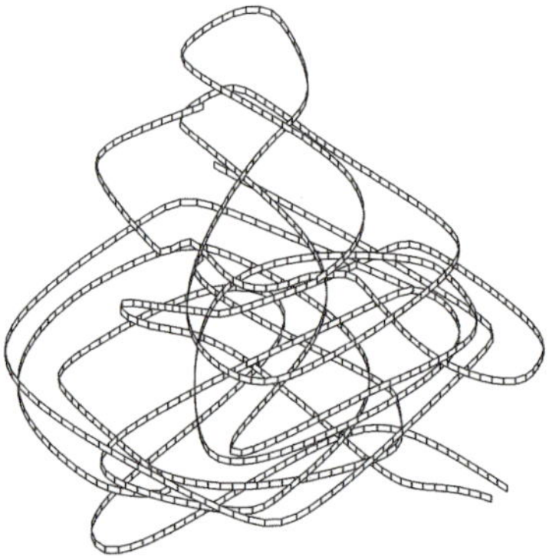

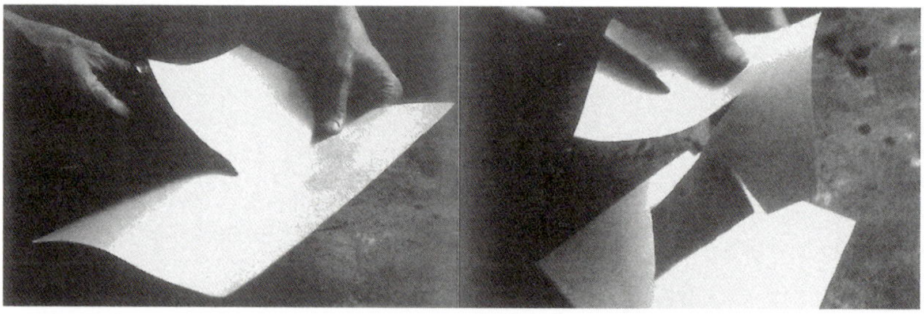

5-7 | OMA Konzeptfindung Bibliothek von Jussieu Paris 1992

8 | OMA/Yves Brunier Modell Museumspark Rotterdam 1994

Yves Brunier (Abb. 8): „He took everything that was on the table, and incorporated it in the maquette, as if this very determination to put things together itself generated the logic of the decision."[20]

Die hier vorgestellten Thesen decken nur einen Teil der Ansätze zu einer Theorie des Entwerfens ab.[21] Je nach Neigung und Präferenzen bilden sie Teile von Routinen und ermöglichen es, ein individuelles Repertoire aufzubauen. Deutlich wird aber, dass Entwerfen eine Reihe von Praktiken zusammenfasst, deren sinnstiftende Verknüpfung anstrengend, verwirrend und kräftezehrend sein kann.

GEFÜHLE UND BEDÜRFNISSE An dieser Stelle soll nochmal an John Cleese's Vortrag angeknüpft werden. Cleese konfrontiert das Publikum mit seinem Scheitern und zeigt damit, dass Blockaden und Krisen ein selbstverständlicher Teil schöpferischer Prozesse sind. Trotzdem gibt es nur wenige Ansätze, die den Entwurfsprozess im Zusammenhang mit den ihn begleitenden Gefühlslagen untersuchen. Um sich dem Themenfeld anzunähern, wurde eine Reihe von offenen Interviews durchgeführt, in denen Studierende ihre Entwurfsprozesse reflektieren.[22] In einer ersten Auswertung der Befragungen lassen sich vier unterschiedliche Krisentypen identifizieren. Ihre wesentlichen Inhalte sollen nachfolgend vorgestellt werden. Der jeweils vorangestellte Begriff fasst den Schwerpunkt der emotionalen Situation zusammen.

FAKE Im Laufe des Entwurfsprozesses entsteht ein immer größerer Abstand zwischen der Qualität der Arbeitsergebnisse und den eigenen Zielvorstellungen. Die Herstellung der Artefakte kostet dagegen immer mehr Mühe. Zunächst einzeln auftretende Momente der Enttäuschung verstärken sich im Laufe der Zeit zu einer umfassenden Selbstkritik. Die Betroffenen sind zunehmend enttäuscht von ihren Leistungen. Zusammenfassend formulieren sie ihre Selbsteinschätzung wie folgt: „Ich bin kein Entwerfer. Mir gehen die Ideen aus. Ich wiederhole mich nur." Zu ihren wichtigsten Empfindungen gehören Schwäche, Hilflosigkeit, Müdigkeit und Alleinsein. Je nach Persönlichkeit bewegt sich ihr Zustand in Richtung einer grundsätzlichen Angst. Neben Fluchtbedürfnis oder Angriffslust entsteht auch Scham vor der eigenen Leistungsgrenze.

VERLUST Im Laufe des Entwurfsprozesses muss deutlich mehr Zeit aufgewendet werden als ursprünglich vorgesehen. Die eigene Zeit wird als knappe Ressource bewusst und erfordert zunehmend ein Aufteilen zwischen unterschiedlichen Zielen. Dabei steht immer weniger Zeit für private Interessen und Bedürfnisse zur Verfügung. Jede Entscheidung für private Aktivitäten ist immer auch eine Entscheidung gegen ein weiteres Ausarbeiten und Vertiefen des

Entwurfs. Im Laufe der Zeit fällt die Abgrenzung zwischen Privatleben und Studium immer schwerer. Den Betroffenen scheint, als würden sie andere, wichtige Teile ihres Lebens verpassen. Den Entwurf nicht weiter zu vertiefen bedeutet aber, dem eigenen Anspruch nicht gerecht zu werden: ‚Entweder ich optimiere meinen Entwurf oder ich treffe mich mit meinen Freunden und mache etwas für mich. In jedem Fall verliere ich aber etwas.' Zu den wichtigsten Gefühlen gehören Alleinsein, Irritiertsein, Trauer und Hilflosigkeit. Teilweise wird die Situation auch als Verlust an Autonomie empfunden. Einige der Betroffenen wünschen sich einen übergeordneten, externen Rahmen, der sie davor schützt, immer wieder über den Entwurf nachzudenken und ‚zu viel' Zeit damit zu verlieren. Berichtet wird auch von bewusst gesetzten Einschnitten, um sich abzulenken und damit Raum für neue Ansätze zu schaffen.

URTEIL Ein großer Teil des Entwurfsprozesses besteht im Entwickeln von Varianten. Komplementär dazu werden in kurzen Abständen die Ergebnisse beurteilt.[23] Eine Häufung von kritischen Rückmeldungen wird von den Betroffenen zunehmend auch als Kritik an der eigenen Person verstanden. Entwurf und Entwerfender lassen sich auf unterschiedliche Weise miteinander verknüpfen. Besonders geeignet dazu sind Aussagen zur Originalität und zur Angemessenheit des Entwurfs, zum geleisteten Arbeitseinsatz oder zur Fähigkeit, den eigenen Standpunkt zu vertreten. Unbemerkt verschiebt sich damit der Fokus der Kritik: Aus der Kritik an einer Sache wird die Kritik an einer Person. Diese Schwerpunktverschiebung wird von den Betroffenen so ‚gehört' und ‚empfunden'. Damit setzen sie sich einem ständigen Eigen- und Fremdurteil aus. Während der Entwurfsphase können Rückmeldungen noch berücksichtigt und eingearbeitet werden. Nach der Abgabe ‚spricht' der Entwurf aber ‚für sich' und wird nur noch durch Außenstehende beurteilt. Dabei bleiben Maßstäbe und Schwerpunktsetzungen der Beurteilung unbekannt. Die mit den Urteilen ausgesprochene Sicht auf den Entwurf lässt sich nicht mehr verändern. Zu den wichtigsten Gefühlen gehören Irritation, Unsicherheit, Hilflosigkeit und Trauer. Je nach Verfassung können auch Angst und Scham empfunden werden.

NICHT-LOSLASSEN-KÖNNEN Die Betroffenen erleben Phasen des Suchens, des Erfindens und des Entdeckens. Dazwischen gibt es aber immer wieder Abschnitte, die von Stagnation, Erfolglosigkeit, Enttäuschung und Rückwärtsbewegungen gekennzeichnet sind. Im Verlauf dieser Entwicklung fällt ihnen ein als sinnvoll und effizient empfundener Umgang mit Zeit immer schwerer. Eine bestimmte Entwurfsidee wird über einen längeren Zeitraum stetig weiterverfolgt. Einerseits erscheint ihre Ausarbeitung als lohnenswert. Andererseits zeigen sich bei näherer Auseinandersetzung eine Reihe von Einschränkungen, die ein Aufgeben sinnvoll erscheinen lassen. Das Aufgeben der bislang verfolgten Idee wird als Verlust empfunden. Gleichzeitig erscheint ein Weiterverfolgen des Ansatzes zunehmend mühselig und unfruchtbar. Zu den in diesem Zusammenhang erlebten Emotionen gehören Irritation, Müdigkeit, Angst und Zorn.

STRATEGIEN Die Auswertung der Interviews zeigt, dass die Studierenden während des Entwerfens eine Vielzahl unterschiedlicher Emotionen durchleben. Die Palette reicht von Ratlosigkeit und Hilflosigkeit über Euphorie, Anspannung und Freude bis zu Müdigkeit, Lustlosigkeit, Langeweile und Überdruss. Zu den wichtigsten Ankerpunkten gehören Hilflosigkeit und Angst. Je nach persönlicher Verfassung kann dies auch in Scham sowie Wut auf sich und andere umschlagen. Auf den Betroffenen lastet der Druck, eine Lösung zu finden, die einer Vielzahl von Ansprüchen gerecht werden soll. Ihr Entwurf muss die vitruvianische Triade aus schön, nützlich, verlässlich und dauerhaft berücksichtigen. Er soll städtebauliche und sozialräumliche Kontexte berücksichtigen sowie angemessen auf soziale, technische und ökonomische Randbedingungen reagieren. Darüber hinaus wird auch ein erkennbar zeitgenössischer Beitrag erwartet, der den fachlichen Stand der eigenen Profession berücksichtigt. Dabei bleiben die eigenen Werturteile im Verlauf des Arbeitsprozesses ständig in Bewegung und werden durch sich verändernde Bezüge stets weiter beeinflusst.

Ein wichtiger Auslöser für wechselnde Emotionen sind Entscheidungskonflikte, in denen sich die Betroffenen unversehens wiederfinden. Ist der bislang verfolgte Entwurfsansatz trotz Mängeln weiter verfolgenswert oder sollte er doch verworfen werden? Angesichts der verbleibenden Zeit muss entschieden werden, ob lieber intensiver am Entwurfsproblem gearbeitet wird, die Präsentation auszuarbeiten ist oder stattdessen ein Miteinander mit Freunden Abwechslung und Entspannung ermöglicht. Damit entsteht immer auch der Zwang, auf bestimmte Ziele, Ansprüche und Handlungen zu verzichten. Die emotionale Verfassung der Befragten wird auch durch ihr soziales Umfeld beeinflusst. Zwischen den Mitstudierenden besteht ein angespanntes Verhältnis, das zwischen Kollegialität, Interesselosigkeit und Konkurrenz pendelt. Angesichts der begrenzten Ressourcen sind Hilfe und Unterstützung sorgfältig zu dosieren. Der gemeinsame Alltag wird insgesamt einfacher, wenn auf gegenseitige Kritik verzichtet wird. Gleichzeitig bleiben damit individuelle Haltungen und Meinungen unausgesprochen.

Die beschriebene Verknüpfung von Entwurfsprozess und Gefühlslagen wird in der dazugehörigen Berufskultur kaum thematisiert. Sie klingt in den Thesen zum Entwerfen nur zwischen den Zeilen durch. Eine der wenigen Ausnahmen ist Frank Berzbach, der in seinen beiden Büchern eine Reihe von Beobachtungen und Vorschlägen im Umgang mit kreativen

Arbeitsprozessen zusammenstellt. Angesichts der ‚emotionalen Achterbahnfahrt' im Laufe des Entwurfs schlägt Berzbach vor, die dabei auftauchenden Gefühle als ‚kritische Begleiter' zu begreifen. Ziel sei es, die Betroffenen für die mit den Gefühlen implizit verbundenen Bedürfnisse zu sensibilisieren. Berzbachs Ansatz erinnert an die Methoden der humanistischen Psychologie, die ab Mitte der 1950er Jahre von Rogers, Rosenberg und Gendlin entwickelt werden.[24] Dabei verweisen Emotionen auf unberücksichtigte Bedürfnisse und können jeweils Handlungsansätze zu ihrer Befriedigung initiieren. Für Rogers wird damit ein erster Schritt zur ‚Selbstaktualisierung' eingeleitet.[25]

Strategien, die eine erfinderische Auseinandersetzung mit Gefühlslagen zeigen, lassen sich auch in den Interviews mit den Studierenden finden. Stellvertretend soll eine dieser Strategien vorgestellt werden: Angesichts einer länger andauernden Unzufriedenheit mit dem eigenen Entwurfsansatz akzeptiert eine Studentin ihr Scheitern an der Fragestellung. Die Konsequenzen ihres Urteils spitzt sie zu und spielt dazu die Folgen für sich durch. Sie ist offensichtlich nicht in der Lage, ihrem Anspruch zu genügen und daher für das Studienfach nicht geeignet. Auch ist ihr die große Handlungsfreiheit eines Studiums zu viel. Daher gibt sie auch die Aussicht auf einen akademischen Beruf auf. Stattdessen wird sie ab sofort als Supermarktkassiererin arbeiten. In diesem Szenario entdeckt sie eine Reihe von Vorzügen. Dazu gehören ein regelmäßiges Einkommen, geregelte Arbeitszeiten und damit auch Zeit für andere Aktivitäten. Alle Tätigkeiten sind klar umrissen und es besteht eine nachvollziehbare Beziehung zwischen Arbeitseinsatz und Ergebnis. In Akzeptanz ihrer Gefühlslage entwickelt die Studentin sehr konsequent eine alternative Zukunft. Das Aushalten und Durchleben ihres Szenarios erlebt sie als Befreiung. Etwas später nimmt sie die Arbeit am Entwurf wieder auf. Die verbleibende Zeit kann sie konzentriert für den Entwurf einsetzen. Gleichzeitig steht das neue Szenario als positiv besetzte Alternative zur Verfügung.

AUSBLICK An dieser Stelle ist nur ein sehr knapper Einstieg zu Verknüpfungen zwischen Entwurfsprozess und Emotion möglich. Eine nähere Untersuchung scheint aus mehreren Gründen lohnenswert:

THEORIEBILDUNG Die meisten Thesen zu Entwurfsmethoden leiten sich nach wie vor hauptsächlich aus Untersuchungen ab, die in dem Zeitraum zwischen den 1950er und den späten 1980er Jahren durchgeführt wurden. Eine Wiederaufnahme der Entwurfsforschung unter Einbeziehung der Rolle von Emotionen kann eine Ergänzung und Erweiterung dieser Thesen ermöglichen. Anknüpfungspunkte hierfür bietet die Thematisierung von Atmosphären im Bereich der ästhetischen Forschung sowie Untersuchungen zu Wahrnehmung und schöpferischem Arbeiten.[26]

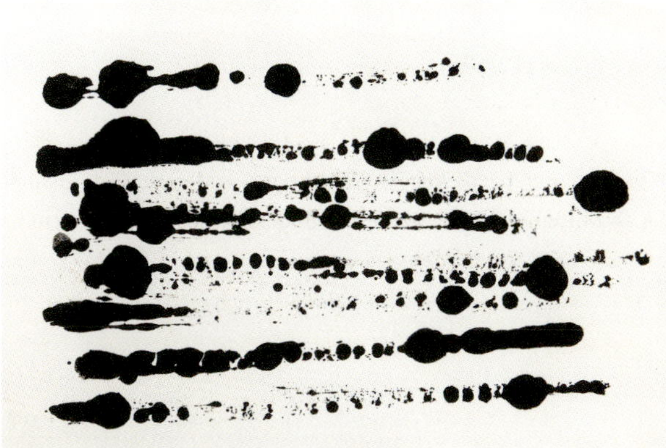

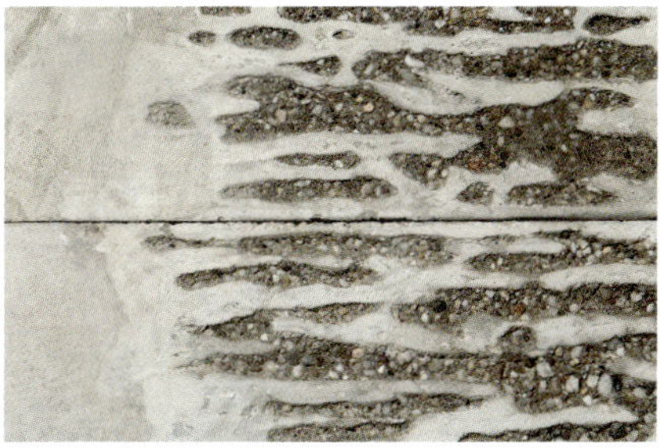

9-11 | Luisa Walterbusch Projekt Surface Experimentelle Bearbeitung von Oberflächen 2014

SENSIBILISIERUNG Aktuell sind Entwerfende ständig steigenden Anforderungen ausgesetzt. Von ihnen wird erwartet, im Entwurfsprozess in immer kürzeren Abständen grundlegende Veränderungen zu berücksichtigen und einzuarbeiten. In diesem Zusammenhang scheint es wichtig, die Betroffenen mit Methoden auszustatten, die ihnen erlauben, emotionale Zustände wie Angst und Hilflosigkeit zu reflektieren. Dabei lohnt sich ein Blick in Berufsfelder, die bereits eine Überprüfung ihrer Arbeitszusammenhänge durch Supervision etabliert haben.

ERGÄNZUNG DES METHODEN-BAUKASTENS Entwerfende müssen mit umfangreichen und teilweise auch widersprüchlichen Anforderungen umgehen. In diesem Zusammenhang entwickeln sie unterschiedliche Methoden, um Blockaden und Rückschläge zu bewältigen. Eine Sammlung von geeigneten Strategien und Umgangsformen kann die bereits bekannten Bausteine schöpferischer Arbeit (Abb. 9-11) sinnvoll ergänzen und bereichern.

ANMERKUNGEN **1** John Cleese, Vortrag für Video Arts im Hotel Grosvenor House, London, John Cleese, How to be creative, Vortrag 1991 Video Arts, in: https://www.youtube.com/watch?v=PQ0lck7oo4A 21.3.2016 **2** Nigel Cross (ed.), Developments in design methodology, Chichester: John Wiley & Sons 1984, 300 **3** Vgl. Bryan Lawson, How designers think, London: Routledge 1980 **4** Horst W. Rittel/Wolf D. Reuter, Planen, Entwerfen, Design. Auswählte Schriften zur Theorie und Methodik, Stuttgart/Berlin/Köln: Kohlhammer 1992, 20ff **5** „first insight, preparation, incubation, illumination, verification", op. cit. (Anm.3), 110 **6** Vgl. ibid. 37; Christian Gänshirt, Werkzeuge für Ideen. Einführung in das architektonische Entwerfen, Basel/Boston/Berlin: Birkhäuser 2007; Christian Gänshirt, Sechs Werkzeuge des Entwerfens, in: Wolkenkuckucksheim. Internationale Zeitschrift für Theorie und Wissenschaft der Architektur 1 (1999), in: www.tu-cottbus.de/BTU/Fak2/TheoArch/wolke/deu/Themen/991/Gaenshirt/gaenshirt.html 30.5.2005; Vgl. Bert Bielefeld/Sebastian El Khouli, Entwurfsidee, Basel/Boston/Berlin: Birkhäuser 2011 **7** Vgl. Ulrike Böhm/Cyrus Zahiri/Katja Benfer, Tools & translation. Relations between design and digital techniques, in: Erich Buhmann/Matthias Pietsch/Marcel Heins (eds.), Digital design in landscape architecture, Heidelberg et al.: Wichmann 2008, 141-149 **8** Vgl. ibid., 143; Oswald Mathias Ungers, Morphologie. City metaphors, Köln: Verlag der Buchhandlung König 1982 **9** Zum Ende des 16. Jahrhunderts bezeichnet der Begriff ‚disegno' einerseits „die praktische Fähigkeit des Zeichnens", andererseits aber auch das geistige Vermögen, „in sich selbst eine neue Welt" zu formen. Vgl. hierzu Christian Gänshirt 2007, op. cit. (Anm.6), 45-48 **10** Vgl. Peter Kolbe, Das Bindungsmodell virtueller Gegenständlichkeit, in: Tobias Schwab/Horst Oehlke, Virtualität contra Realität? 16. Designwissenschaftliches Kolloquium Burg Giebichenstein Hochschule für Kunst und Design Halle/Saale 19. bis 21. Oktober 1995, Halle/Saale: Burg Giebichenstein 1995, 87-109; Ulrike Böhm/Cyrus Zahiri/Katja Benfer 2008, op. cit. (Anm.7) **11** Vgl. dazu auch Oswald Mathias Ungers, Morphologie. City metaphors, Köln: Verlag der Buchhandlung König 1982 **12** Hans-Jörg Rheinberger, Experimentalsysteme und epistemische Dinge. Eine Geschichte der Proteinsynthese im Reagenzglas, Frankfurt/Main: Suhrkamp 2006, 128 **13** Vgl. ibid. 133 **14** Vgl. ibid. 34 **15** Vgl. ibid. 97 **16** Vgl. ibid. 25, Rheinberger zitiert hier Francois Jacob, Die innere Statue, Zürich: Ammann 1988 **17** Vgl. ibid. 34 **18** Vgl. ibid. 16 **19** Vgl. ibid. 97 **20** Odile Fillion, Entretien avec Rem Koolhaas, in: Yves Brunier/Michel Jaques, Yves Brunier. Landscape architect paysagiste, Basel/Boston/Berlin: Birkhäuser 1996, 90 **21** Vgl. Ulrike Böhm/Cyrus Zahiri/Katja Benfer, The Design Process. Between Imagination, Implementation and Evaluation, in: Amsterdam European League of Institutes of the Arts: Designing design education. Proceedings part 1, Designtrain congress, Amsterdam: 2008, 42-56; Ulrike Böhm/Cyrus Zahiri/Katja Benfer 2008, op. cit. (Anm.7) **22** Befragt wurden 15 Studierende des 5. bzw. 7. Fachsemesters des Bachelorstudiengangs Landschaftsarchitektur und Umweltplanung der Leibniz Universität Hannover nach Abschluss der Projektarbeit, 22.03.2016 **23** Vgl. dazu Abschnitt: Zwischen Varietätserzeugung und Urteilsfindung **24** Vgl. Carl Rogers, On becoming a person, New York: Houghton Mifflin 1961; Marshall B. Rosenberg (ed.), Gewaltfreie Kommunikation. Eine Sprache des Lebens, Paderborn: Junfermann 2007; Eugene T. Gendlin, Experiencing and the creation of meaning: A philosophical and psychological approach to the subjective, Evanston: Northwestern University Press 1997 **25** Vgl. Carl Rogers 1961, op. cit. (Anm.24), 350: „The mainspring of creativity appears to be the same tendency which we discover so deeply as the curative force in psychotherapy - man's tendency to actualize himself, to become his potentialities." **26** Vgl. zu ästhetischer Forschung John Dewey, Kunst als Erfahrung, Frankfurt/Main: Suhrkamp 1998; Hermann Schmitz, Atmosphären, Freiburg: Verlag Karl Alber 2014; Gernot Böhme, Atmosphäre. Essays zur neuen Ästhetik, Frankfurt/Main: Suhrkamp 1995; Weidinger, Jürgen/Rainer Schönhammer (eds.), Atmosphären entwerfen, Berlin: Universitätsverlag der TU Berlin 2015; vgl. zu Wahrnehmung Carl Rogers 1961, op. cit. (Anm.24); Eugene T. Gendlin 1997, op. cit. (Anm.24); Frank Berzbach, Die Kunst ein kreatives Leben zu führen: Anregung zu Achtsamkeit, Mainz: Schmidt 2013; Mark Johnson, The meaning of the body: Aesthetics of human understanding, Chicago: The University of Chicago Press 2008; Mihaly Csikszentmihalyi, Flow: The psychology of optimal experience, New York: Harper & Row 1990; vgl. zu schöpferischem Arbeiten Sönke Ahrens, Experiment und Exploration: Bildung als experimentelle Form der Welterschließung, Bielefeld: Transcript 2010; Hans-Jörg Rheinberger 2006, op.cit. (Anm.12)

APPENDIX

BIOGRAFIEN

KATJA BENFER, Leibniz Universität Hannover, Professorin für Darstellung in der Landschaftsarchitektur am Institut für Landschaftsarchitektur der Fakultät für Architektur und Landschaft. Studium der Landschaftsarchitektur an der Universität Kassel. Lehrtätigkeit an der TU Berlin und der Universität Kassel. Seit 2003 eigenes Büro in Partnerschaft mit Prof. Ulrike Böhm und Dr. Cyrus Zahiri. Zahlreiche Vorträge bei Symposien zum Themebereich Architektur und Landschaft sowie zum Entwerfen. Auswahl an Publikationen: Katja Benfer/Ulrike Böhm/Cyrus Zahiri, The design process. Between imagination, implementation and evaluation, in: Amsterdam European League of Institutes of the Arts: Designing design education. Proceedings part 1, Designtrain congress, Amsterdam: 2008, 42-56, auf: http://www.elia-artschools.org/userfiles/Image/customimages/products/17/part_1.pdf; Katja Benfer/Ulrike Böhm/Cyrus Zahiri, Tools & translation. Relations between design and digital techniques, in: Erich Buhmann/Marcel Heins/MatthiasPietsch (eds.), Digital design in landscape architecture, Heidelberg et al.: Wichmann 2008, 141-149; Katja Benfer/Ulrike Böhm/Cyrus Zahiri, Städtebau und grüner Stadtraum, in: Almut Jirku (ed.), StadtGrün, Stuttgart: Fraunhofer IRB Verlag 2013, 56-65.

VERENA BREHM ist Gründungspartnerin von CITYFÖRSTER architecture + urbanism und geschäftsführende Partnerin des Büros in Hannover. Studium der Architektur an der Leibniz Universität Hannover, der TU Berlin und der Königlichen Kunstakademie Kopenhagen, Dänemark. 2007 bis 2014 wissenschaftliche Mitarbeiterin an der LU Hannover. 2013 Promotion zum Thema ‚Komplexe Morphologien'. Lehraufträge in Bremen und Tübingen, 2015/16 Vertretungsprofessorin Fachgebiet Städtebau an der Universität Kassel. Tätig in den Bereichen zukunftsfähiger Stadtumbau und neue Wohnformen, Forschungsschwerpunkte bilden Entwurfstheorien und -methoden. Auswahl an Publikationen: Komplexe Morphologie in der Architektur der Gegenwart. Morphogenese Physiognomie Ästhetik, Dissertation, Hannover: TIB 2015; Architektonische Morphogenese, in: Margitta Buchert/Laura Kienbaum (eds.), Einfach Entwerfen. Simply Design, Berlin: jovis 2013, 100-127; Verena Brehm/Oliver Seidel, Vorsprung durch...?, in: Heinrich-Böll-Stiftung (ed.), Urban Futures 2050. Szenarien und Lösungen für das Jahrhundert der Städte, Berlin 2011, 76-80; Cityförster/Verena Brehm et al., Querkräfte. Greater Helsinki Vision 2050 Kalakukko, in: Leonhard Schenk, (ed.), Stadt entwerfen. Grundlagen Prinzipien Projekte, Birkhäuser: Basel 2013, 39, 275, 286f; Cityförster/Verena Brehm et al., Greater Helsinki Vision 2050, in: Elke Mittmann et al. (eds.), Archilab Europe. Strategic Architecture, Orléans: HYX Publisher 2008, 100-102.

MARGITTA BUCHERT, Leibniz Universität Hannover, ist Professorin für Architektur und Kunst 20./21. Jahrhundert am Institut für Geschichte und Theorie der Architektur an der Fakultät für Architektur und Landschaft. Lehrinhalte fokussieren Architekturtheorie, Entwurfstheorie, Grundlagen der Gestaltung sowie Spannweiten der Moderne. Forschungsschwerpunkte bilden ‚Reflexives Entwerfen', ‚Urbane Architektur' sowie Ästhetik und Kontextualität von Architektur, Kunst, Stadt und Natur. Auswahl an Publikationen: Margitta Buchert, Landschaftsentwürfe in der Architektur von SANAA, in: Wolkenkuckucksheim 29 (2015)/35, 233-248; Margitta Buchert/Laura Kienbaum (eds.), Einfach Entwerfen. Simply Design, Berlin: jovis 2013; Margitta Buchert, Common Ground. Diskursive Ordnungen in der Architektur, in: Fakultät für Architektur und Landschaft der LUH (ed.), Hochweit 13, Hannover: Internationalismus 2013, 9-17; Margitta Buchert, Archive. Zur Genese architektonischen Entwerfens, in: Fakultät für Architektur und Landschaft/Leibniz Universität Hannover (eds.), hochweit 12, Hannover: Internationalismus Verlag 2012, 9–15; Formen der Relation. Entwerfen und Forschen in der Architektur, in: Ute Frank et al. (eds.), EKLAT, Berlin: Universitätsverlag 2011, 76–86; Margitta Buchert, Mobile und Stabile, in: Anett Zinsmeister (ed.), Gestalt der Bewegung. Figure of motion, Berlin: jovis 2011, 50–73; Actuating. Koolhaas' urban aesthetics, in: Jale Erzen (eds.), Mimarlikta Estetik Düsünce, Ankara: SANART 2010, 223–231; Margitta Buchert/Carl Zillich (eds.), Performativ? Architektur und Kunst, Berlin: jovis 2007.

ANTJE BUCHHOLZ studierte Architektur an der Universität der Künste Berlin und der Architectural Association London. Zusammen mit Jack Burnett-Stuart, Michael von Matuschka und Jürgen Patzak-Poor gründete sie BARarchitekten in den 1990er Jahren in Berlin. Lehrtätigkeit im Bereich Urbane Anthropologie an der FU Berlin (2000) und in der Entwurfslehre an der TU Berlin (2004/05). Forschungsprojekte zu urbanen Alltagspraktiken u. a. in Neapel, London und Warschau. 2012 Stipendiatin der Deutschen Akademie Rom, Villa Massimo. Inhaltlicher Fokus von BARarchitekten ist die Erforschung und Entwicklung innovativer Konzepte zu städtischer Mischnutzung. Auswahl an Publikationen: Antje Buchholz/Jack Burnett-Stuart/Gregor Harbusch/Michael von Matuschka/Jürgen Patzak-Poor (eds.), Ludwig Leo Ausschnitt, London: Architectural Association 2015; Antje Buchholz/Jürgen Patzak-Poor, Fallstudien Rom 2012, Rom: Villa Massimo 2013; Antje Buchholz/Jack Burnett-Stuart/Michael von Matuschka/Jürgen Patzak-Poor, Jeder ist ein Architekt, in: Arch+ 183 (2007), 104-109; Antje Buchholz/Jack Burnett-Stuart/Michael von Matuschka/Jürgen Patzak-Poor, Modellstadt, in: Archilab 2004 Orléans: The naked city, Orléans: Editions HYX 2004, 210-212; Antje Buchholz, Naples. The used city, in: Hoarders and collectors, Element, Cloone Leitrim: Mermaid Turbulence 2002, 87-95; Antje Buchholz/Jack Burnett-Stuart/Michael von Matuschka/Jürgen Patzak-Poor, Shifting the view. Documentation of the commonplace, Los Angeles: Sci Arc, Public Access Press 1999.

C H R I S T O P H G R A F E ist Architekt, Kurator und Publizist. Seit 2013 Professor für Architekturgeschichte und -theorie an der Bergischen Universität Wuppertal. Er leitet seit 2011 das Flämische Architekturinstitut in Antwerpen (B). Studium der Architektur an der Technischen Universität Delft und Architekturgeschichte und -theorie an der Architectural Association School in London. Neben mehrjähriger Praxis in Architekturbüros in Amsterdam und Lehraufträgen in Mailand, London und Antwerpen von 1999 bis 2013 Associate Professor an der TU Delft. Redaktionsmitglied des Journal of Architecture und seit 1992 der Architekturzeitschrift OASE. Zusammen mit Franziska Bollerey Herausgeber der Zeitschrift Eselsohren. Auswahl an Publikationen: Christoph Grafe (ed.), Tailored architecture, Architectural Review Flanders no.12, Antwerpen: VAi 2016; Christoph Grafe, Die Erfindung einer Architekturkultur. Bemerkungen zu den Wurzeln der Architektur und ihrer Lehre in Flandern, in: ARCH+, 220 (2015), 4-7; Christoph Grafe (ed.), Embedded architectures, Architectural Review Flanders no.11, Antwerpen: VAi 2014; Christoph Grafe, People's palaces. Architecture culture and democracy in two cultural centres in post-war Europe, Amsterdam: Heritage Consultants 2010; Franziska Bollerey/Christoph Grafe (eds.), Cafés and bars. The architecture of sociability, London: Routledge 2007; Christoph Grafe/Bernard Leupen et al., Design and analysis, New York: Van Nostrand Reinhold 1997; Christoph Grafe/Michael Speaks, Nine + one. Ten young Dutch architectural offices, Rotterdam: NAI Publishers 1997; Christoph Grafe/Nicola Körnig/Marc Lampe et al. (eds.), Ontwerp en analyse, Rotterdam: NAi Publishers 1995.

L A U R A K I E N B A U M studierte Architektur an der Leibniz Universität Hannover und an der Arkitektskolen Aarhus und war für Architekturbüros in Hannover, Zürich und Berlin tätig. Seit dem Diplom 2008 arbeitet sie selbstständig innerhalb des Netzwerkes ‚SAM UND PLANKTON. Architektur' und ist wissenschaftliche Mitarbeiterin an der Abteilung a_ku (Architektur und Kunst 20./21. Jahrhundert), IGTA, Fakultät für Architektur und Landschaft, Leibniz Universität Hannover. Sie promovierte zu Entwurfsbausteinen und Gestaltungszusammenhängen in der Architektur von Infrastrukturen am Beispiel von städtischen Seilbahnen und erprobte dabei die

Zeichnung als Medium der Erkenntnisgenese und -vermittlung. 2014-2016 Wissenschaftliche Volontärin und Kuratorin am Deutschen Architekturmuseum. Ihre Arbeitsschwerpunkte und Forschungsinteressen befinden sich stets an der Schnittstelle von Theorie und Praxis und umfassen Themen wie Architekturkonzeption, Entwurfsmethodik und Raumgestaltung. Auswahl an Publikationen: Annette Becker/Laura Kienbaum/Kristien Ring/Peter Cachola Schmal (eds.), Bauen und Wohnen in Gemeinschaft, Berlin: Birkhäuser 2015; Laura Kienbaum, Konzepte des Teilens. Zur Geschichte des gemeinschaftlichen Wohnens, in: ibid., 78-85; Margitta Buchert/ Laura Kienbaum (eds.), Einfach Entwerfen. Wege der Architekturgestaltung, Berlin: jovis 2013; Laura Kienbaum, Inszenieren. Über den Affekt von Raum, in: ibid., 156-182.

HILDE LÉON studierte Architektur an der TU Berlin und an der Universität Venedig und gründete 1987 mit Konrad Wohlhage († 2007) das Büro léonwohlhage Architekten. Sie war wissenschaftliche Mitarbeiterin an der Hochschule der Künste Berlin bei Prof. Alfred Grazioli. Von 1997-1999 Gastprofessur an der Hochschule für bildende Künste Hamburg. Seit 2000 Professorin am Institut für Entwerfen und Gebäudelehre der Leibniz Universität Hannover. 2002 war sie Generalkommissarin des Deutschen Pavillons der Architekturbiennale in Venedig und von 2008 bis 2010 Mitglied im Hochschulrat der Hafencity Universität (HCU) in Hamburg, deren Neugründung sie begleitete. Mitglied in den Gestaltungsbeiräten der Städte Salzburg und Berlin sowie der Akademie der Künste Berlin. Von 2008 bis 2012 beriet Hilde Léon die Bausenatorin Regula Lüscher im Berliner Baukollegium. Auswahl an Publikationen: Hilde Léon/ Marc-Philip Reichwald/Peter-Karsten Schultz (eds.), Der kontrollierte Größenwahn. Über die Ambivalenz beim Entwerfen, Ostfildern: Hatje Cantz 2011; Hilde Léon (ed.), NEXTliegend, at hand, in-mediato, Ausstellungskatalog der Biennale Venedig, 8. Internationale Architekturausstellung, Berlin: Gebr. Mann Verlag 2002; Hilde Léon, Der Berliner Schlossplatz, Visionen zur Gestaltung der Berliner Mitte, in: Senatsverwaltung für Stadtentwicklung (ed.): Historische Mitte Berlin. Schlossplatz. Ideen und Entwürfe 1991-2001, Berlin: Springer 2001, 20-30; Kristin Feireiss (ed.), Hilde Léon und Konrad Wohlhage. Berliner Projekte. Ausstellungskatalog, Galerie Aedes, Berlin 1992.

LARA SCHRIJVER ist Professorin für Architekturtheorie an der Universität Antwerpen und war DAAD Gastprofessorin am Architekturinstitut Dessau von 2013–2014 sowie 2008–2013 Fakultätsmitglied an der TU Delft. Schrijver war Mitorganisatorin der Konferenz ,The Projective Landscape' 2006 in Delft, zehn Jahre lang Herausgeberin der Zeitschrift OASE und für vier Jahre Mitglied im Beirat des Netherlands Fund for Architecture. Ihre Arbeiten wurden im Journal of Architecture, in Footprint und Volume veröffentlicht. Forschungsschwerpunkte bilden Architekturtheorie, Designtheorie und Architektur der 1960er und 70er. Auswahl an Publikationen: Deborah Hauptmann/Lara Schrijver (eds.), Footprint Delft Architecture Theory Journal 10/11 (2012): Architecture culture and the question of knowledge: Doctoral research today, Footprint, Delft: TU Delft; Lara Schrijver, Radical games. Popping the bubble of 1960s architecture, Rotterdam: NAi Publishers 2009; Architecture. Projective, critical or craft?, in: Lehrstuhl für Theorie und Geschichte der modernen Architektur (ed.), Die Architektur der neuen Weltordnung, Bauhaus Kolloquium 2009, Weimar: Bauhaus-Universitätsverlag 2009, 353–367; Prina Avidar/Lara Schrijver (eds.), Oase 66(2005): Virtually here. Space in cyberfiction, Rotterdam: NAi Publishers; Lara Schrijver (ed.) Oase 59(2002): Scratching the surface, Rotterdam: NAi Publishers.

MICHAEL SCHUMACHER, seit 2007 Professor für Entwerfen und Konstruieren an der Fakultät für Architektur und Landschaft an der Leibniz Universität Hannover. Gemeinsam mit Till Schneider Inhaber und Geschäftsführer des 1988 gegründeten Architekturbüros schneider+schumacher. Studium der Architektur an der Universität Kaiserslautern. 1986 Postgraduiertenstudium in der Klasse von Peter Cook an der Städelschule in Frankfurt/Main, anschließend freie Mitarbeit bei Sir Norman Foster, London. 1999 bis 2000 Gastprofessur an der Städelschule. Von 2004 bis 2009 Landesvorsitzender des Bundes Deutscher Architekten (BDA Hessen). Mitglied im Architekten- und Ingenieur-Verein (AIV). Auswahl an Publikationen: Michael Schumacher, Vom Glück eine Kirche zu bauen, in: Helen Schiffer (ed.), Autobahnkirche Siegerland. Architektur schneider+schumacher, Frankfurt/Main: schneider+schumacher 2013, 70-77; Peter Cachola Schmal/Till Schneider/Michael Schumacher (eds.), schneider+schumacher, München et al.: Prestel 2011; Oliver Schaeffel/Michael Schumacher/Michael-Marcus Vogt, move. Architektur in Bewegung, Basel et al.: Birkhäuser 2010; schneider+schumacher Architektur (ed.), Museum Sowjetisches Speziallager Nr.7/Nr.1 in Sachsenhausen (1945-1950), Frankfurt: schneider+schumacher 2002. Auswahl an Auszeichnungen: Mies van der Rohe Award 2014, Nominierung, Autobahnkirche Siegerland; Gestaltungspreis ,Baukultur in Deutschland' 2014, 2. Preis, Ölhafenbrücke Raunheim; Architizer A+ Award 2014 – Popular Choice Winner, Autobahnkirche Siegerland; Iconic Awards 2013, Autobahnkirche Siegerland; AZ Award for Design Excellence 2013, Städel Museum Skylights; German Design Award 2013 Gold, Erweiterung des Städel Museums.

CHRISTIANE SÖRENSEN, Landschaftsarchitektin, seit 1989 Professorin für Landschaftsarchitektur an der Hochschule für Bildende Künste (HfBK) Hamburg, seit 2006 HafenCity Universität Hamburg. Lehr- und Forschungsbereich ‚Topografisches Denken und Entwerfen' seit 2002, mit interdisziplinären Forschungs- und Ausstellungsprojekten. 2003–2004 Gastprofessur der Lady-Davis Foundation am Technion – Israel Institute of Technology in Haifa; 2013 Kuratorin der jährlichen ECLAS-Konferenz. Forschungsinteresse Entwerfen zwischen Gebautem, Koexistenz des Ländlichen im urbanen Kontext sowie die Rolle des Narrativen in der Landschaftsarchitektur, ‚borderlands' und neue Formen der Allmende (commons). Auswahl an Publikationen: Annette Bögle/Christiane Sörensen (eds.), Passion for built environment. Perspectives in metropolitan research 2, Berlin: jovis (erscheint 10/2016); Christiane Sörensen/Wiltrud Simbürger, The rural as an autonomous narrative within the hierarchy of global urbanization or: What kind of stories can the rural tell within the city?, in: ISUTalks 03: Ruralism Conference Proceedings, Universität Braunschweig 18.11.2015 (im Erscheinen); Wiltrud Simbürger/Christiane Sörensen, Restless space. Narratives of change around landscapes of rupture, in: Open Urban Studies and Demography Journal 1 (2015), 84-90; Karoline Liedtke/Christiane Sörensen (eds.), SPECIFICS: Discussing landscape architecture, Berlin: jovis 2014; Anne Kittel/Christiane Sörensen et al. (eds.), Stadtentwicklung und Klimaanpassung. Klimafolgen, Anpassungskonzepte und Bewusstseinsbildung beispielhaft dargestellt am Einzugsgebiet der Wandse, Hamburg: TuTech Verlag 2014; Christiane Sörensen, Landschaft und Frei-Raum. Zum Funktionswandel öffentlicher Räume, in: Werner Durth (ed.), Stadt Bauen 2. Zum Untergang mit dem Erbe der Nachkriegszeit, Preisverleihung Deutscher Städtebaupreis 2008, Berlin: jovis Verlag 2009, 52-63.

CYRUS ZAHIRI, Dr. Ing. Architekt. Studium der Architektur an der TU Berlin. 2012 Promotion zum Phänomen der Unschärfe im städtebaulichen Entwurf. Von 2013 bis 2015 Vertretungsprofessor für Städtebau an der Universität Kassel. Seit 2003 eigenes Büro in Partnerschaft mit Ulrike Böhm und Katja Benfer. Zahlreiche Vorträge bei Symposien zum Themenbereich Architektur und Landschaft sowie zum Entwerfen. Auswahl an Publikationen: Cyrus Zahiri/Ulrike Böhm, Paradigmenwechsel im Entwurf, in: Garten + Landschaft 9 (2015), 14-17; Cyrus Zahiri, Zur Unschärfe im städtebaulichen Entwurf, in: RaumPlanung 175 (2014), 29-34; Cyrus Zahiri, Zwischen Reglement und Laissez-faire. Zum Phänomen der Unschärfe im städtebaulichen Entwurf, Kassel: kassel university press 2013; Ulrike Böhm/Cyrus Zahiri, Manhattan Exports. Der Parc de la Villette; in: Garten+Landschaft 12 (2012), 10-15.

Von Zeit zu Zeit entfalten sich allerdings neue Formen, die etwas Besonderes an sich haben; etwas, das bereits vorhandene Akteure, Dinge und Institutionen in einen neuen Existenzmodus hebt, sie in ein neues Gefüge [assemblage] einspannt; ein Gefüge, das die Dinge in einer anderen Weise geschehen lässt.

Paul Rabinow

ZITATE

PRAKTIKEN Ludwig Wittgenstein, Philosophische Untersuchungen, Frankfurt/Main: Suhrkamp 1971, 67; Gregory Bateson, Ökologie des Geistes (engl.1972), Frankfurt/Main: Suhrkamp 1999, 117; Werner Heisenberg, Die Einheit des naturwissenschaftlichen Weltbildes (1941), in: id., Wandlungen in den Grundlagen der Naturwissenschaften. Zehn Vorträge, Stuttgart: Hirzel 2005, 89-108, 107-108 ERFINDEN Peter Gruss, Motor des Fortschritts, in: Max Planck Forschung (2013)/1, 6-7, 6 EXPERIMENTIEREN Thomas S. Kuhn, The trouble with the historical philosophy of science, Cambridge, MA: Harvard University 1992, 14 KATALYSIEREN Louis Pasteur Vallery-Radot (ed.), Œuvres de Pasteur. Vol.6: Maladies virulentes, virus-vaccins et prophylaxie de la rage, Paris: Masson 1933, 348; Paul Rabinow, Anthropologie der Vernunft. Studien zu Wissenschaft und Lebensführung. Frankfurt/Main: Suhrkamp 2004, 115

ABBILDUNGEN

BENFER I ZAHIRI: 1 Katja Benfer/Cyrus Zahiri nach Vorlage in: Horst W. Rittel/Wolf D. Reuter, Planen, Entwerfen, Design. Auswählte Schriften zur Theorie und Methodik, Stuttgart/Berlin/Köln: Kohlhammer 1992, 78 2 Zeichnung der Autoren nach Vorlage in: ibid., 78 3 Zeichnung der Autoren nach Vorlage in: Bryan Lawson, How designers think, London: Routledge 1980, 24, 26, 28, 110 4 Katja Benfer/Cyrus Zahiri 5 ARCH+ 117 (1993), 40 6 ibid., 36 7 ibid., 39 8 Yves Brunier/Michel Jaques, Yves Brunier. Landscape architect paysagiste. Basel et al.: Birkhäuser 1996, 46 9-11 Luisa Walterbusch BREHM: 1 CITYFÖRSTER architecture + urbanism/Urbane Gestalt Johannes Böttger Landschaftsarchitekten 2 CITYFÖRSTER architecture + urbanism/Urbane Gestalt Johannes Böttger Landschaftsarchitekten/TRANSSOLAR Klimaingenieure; Grafik: Anna Lena Brinkmann 3 CITYFÖRSTER architecture + urbanism/Urbane Gestalt Johannes Böttger Landschaftsarchitekten 4-8 CITYFÖRSTER architecture + urbanism/Nils Nolting BUCHHOLZ: 1 ©BARarchitekten, Markus Schädel 2-7,9 ©BARarchitekten 8 ©BARarchitekten, Innenfoto: Jan Bitter 10 ©BARarchitekten, Straßenfoto: Jan Windszus GRAFE: 1 Tom Thys/Ward Verbakel, Breuckland. Design Interventions for a Post-crisis Brooklyn, Leuven: KU Leuven 2013, 57 2 ibid., 74 3 ibid., 88 4 ibid., 67 5 ibid., 58 6 Benoit Moritz/Philippe De Clerck/Yannick Vanhaelen (eds.), Re:work, Brüssel: Erasmushogeschool Brussel 2013, 86 7 ibid., 88 8 ibid., 110 9-13 Jo van den Berghe KIENBAUM: 1 https://relationalthought.wordpress.com/2014/01/05/1837/ 01.07.2016 2 Laura Kienbaum, nach Fred Dubery/John Willats, Perspectives and other drawing systems, London 1983, 53-57 3 Richard Saul Wurman, in: Arch+ 213(2013), 230-231 4-7 Laura Kienbaum 8-10 agps architects 11-14 Laura Kienbaum LÉON: 1 léonwohlhage Architekten 5 Prof. Hilde Léon, Institut für Entwerfen und Gebäudelehre, Fakultät für Architektur und Landschaft, Leibniz Universität Hannover SCHRIJVER: 1 ARCH+ 181/182 (2006), 74 2 ibid., 76 3 The Irwin S. Chanin School of Architecture (ed.), Architecture at Cooper. Newsletter of The Irwin S. Chanin School of Architecture for Architecture 5 (2010-11), 11 4 TU Delft 5 Jun Huang/David Struik 6 Marie-José Van Hee/Lara Schrijver 7-8 Ralph Brodruck/Lara Schrijver SCHUMACHER: 1 Norbert Miguletz 2-3 schneider+schumacher 4 Kirsten Bucher 5-8 schneider+schumacher 9-10 schneider+schumacher/Ragunath V 11-14 schneider+schumacher SÖRENSEN: 1 Richard Serra, in: Ausstellungsplakat Galerie der Gegenwart/Kunsthalle Hamburg 1996 2 Peter Schiller, Der Botanische Garten in Padua. Astrologische Geographie und Heilkräuterkunde zu Beginn der modernen Botanik (L'Orto Botanico di Padova: geografia astrologica e scienza dei semplici alle origini della botanica moderna), Centro Tedesco di Studi Veneziani, Quaderni 37, Venedig 1987, 40 3-6 Christiane Sörensen 7 Paul Cézanne, lizenziert unter der Creative Commons Lizenz https://commons.wikimedia.org/wiki/Category:Montagne_Sainte-Victoire_by_Paul_C%C3%A9zanne 05.07.2016 8-9 Sörensen Landschaftsarchitektur 10 Sörensen Landschaftsarchitektur/ReichwaldSchultz Architekten 11 Matthäus Merian, Topographia Helvetiae, Rhaetiae et Valesiae, 1654, gemeinfrei in: https://commons.wikimedia.org/wiki/Category:Petersplatz,_Basel?uselang=de#/media/File:Basel_4_(Merian).jpg 5.7.2016 12 Bilder v.l.: Peter Schiller, Der Botanische Garten in Padua. Astrologische Geographie und Heilkräuterkunde zu Beginn der modernen Botanik (L'Orto Botanico di Padova: geografia astrologica e scienza dei semplici alle origini della botanica moderna), Centro Tedesco di Studi Veneziani, Quaderni 37, Venedig 1987, 40; Paul Cézanne, lizenziert unter der Creative Commons Lizenz https://commons.wikimedia.org/wiki/Category:Montagne_Sainte-Victoire_by_Paul_C%C3%A9zanne 05.07.2016; James Benning 13 Bilder v.l.: Christiane Sörensen, HafenCity Universität; Sörensen Landschaftsarchitektur/ReichwaldSchultz Architekten; Sörensen Landschaftsarchitektur

Impressum

© 2016 by jovis Verlag GmbH
Das Urheberrecht für die Texte liegt bei den Autoren.
Das Urheberrecht für die Abbildungen liegt bei den Fotografen/Inhabern der Bildrechte.

Alle Rechte vorbehalten.

Herausgeber: Margitta Buchert,
Architektur und Kunst 20./21. Jahrhundert,
Leibniz Universität Hannover,
http://www.igt-arch.uni-hannover.de/a_ku

Gestaltung: Margitta Buchert, Julius Krüger, Hannover
Satz: Julius Krüger, Hannover
Lithografie: Bild1Druck, Berlin
Druck und Bindung: DZS Grafik, d. o. o., Ljubljana
Bibliografische Information der Deutschen Nationalbibliothek
Die Deutsche Nationalbibliothek verzeichnet diese Publikation in der Deutschen Nationalbibliografie; detaillierte bibliografische Daten sind im Internet über http://dnb.d-nb.de abrufbar.

jovis Verlag
Kurfürstenstraße 15/16
10785 Berlin

www.jovis.de

ISBN 978-3-86859-455-3